新零售模式下商科专业建设与实践教学

姜姝宇◎著

中国原子能出版社

图书在版编目（CIP）数据

新零售模式下商科专业建设与实践教学 / 姜姝宇著
. -- 北京 : 中国原子能出版社，2022.1
ISBN 978-7-5221-1619-8

Ⅰ．①新… Ⅱ．①姜… Ⅲ．①贸易－高等学校－教学
实践－研究－中国 Ⅳ．① F7-40

中国版本图书馆 CIP 数据核字（2021）第 195628 号

新零售模式下商科专业建设与实践教学

出版发行	中国原子能出版社（北京市海淀区阜成路 43 号　100048）	
责任编辑	徐　明	
责任印制	赵　明	
印　　刷	天津和萱印刷有限公司	
经　　销	全国新华书店	
开　　本	787 mm×1092 mm　　1/16	
印　　张	11.75	
字　　数	209 千字	
版　　次	2023 年 1 月第 1 版　　2023 年 1 月第 1 次印刷	
书　　号	ISBN 978-7-5221-1619-8　　定　价 40.00 元	

前　言

随着经济的迅猛发展，在新零售的模式之下，社会对商科人才的需求也呈增长趋势，商科教育已成为我国高等教育中一支蓬勃发展的新生力量。与此同时，社会对应用型人才的渴求也在持续发酵，而创新创业是对商科专业应用型人才的基本要求。实践教学在培养学生实践操作能力和创新能力方面具有特殊的意义，是高校教学工作不可偏废的重要组成部分。

全书共七章。第一章为绪论，主要阐述了新零售的变革、新零售的核心、新商科的内涵、发展商科的必要性、商科发展面临的问题与挑战等内容；第二章为商科教育的国际化与本土化，主要阐述了商科教育的国际化经验、商科教育的本土化探索、商科教育的多科融合等内容；第三章为商科专业建设与实践教学的现状，主要阐述了商科专业建设的现状分析、高校实践教学的发展与演变、商科专业实践教学的总体状况、商科专业实践教学存在的问题、商科专业实践教学体系构建的影响因素等内容；第四章为商科专业教育的改革与发展，主要阐述了商科专业教育的理论基础、商科专业课程的演变历程、商科专业群建设的内容等方面；第五章为商科专业实践教学体系的构建，主要阐述了实践教学体系构建的原则、典型高校商科专业实践教学体系建设的经验借鉴、国内高校商科专业实践教学体系建设的经验借鉴等内容；第六章为新零售模式下商科专业人才培养的实践，主要阐述了国际化商科人才培养要素解析、新零售对商科专业人才培养的影响、商科专业人才培养的特征分析、商科专业人才培养模式的选择、商科专业学生创新创业能力的培养等内容；第七章为新零售模式下商科专业建设与实践基地建设，主要阐述了新零售模式下商科专业建设的策略分析和新零售模式下商科专业实践基地的建设等内容。

为了确保研究内容的丰富性和多样性，在写作过程中参考了大量理论与研究文献，在此向涉及的专家学者们表示衷心的感谢。

最后，限于作者水平有不足，加之时间仓促，本书难免存在一些疏漏，在此，恳请同行专家和读者朋友批评指正！

作　者

2021 年 1 月

目　录

第一章　绪　论

新零售是以大数据、人工智能等为依托,弥补电商和实体门店之间的空隙,整合线上、线下和物流,使商品生产、流通和服务的过程更加高效的新型零售模式。新零售模式的提出为零售业变革提供了新的方向,也使商科有了新的内涵,同时商科也会面临新的问题与挑战。本章分为新零售的变革,新零售的核心,新商科的内涵,发展商科的必要性,商科发展面临的问题与挑战五个部分。主要包括:新零售的产生背景,新零售的概念及内涵,新零售的变革、核心,新商科的概念及特征等内容。

第一节　新零售的变革

一、新零售的产生背景

社会经济的发展过程中零售业是重要的组成部分,全球零售行业也在经济发展中占据着重要一席。传统零售中的实体店零售,从最初的个体户经营发展到零售实体店,到后来的连锁经营和加盟经营,再到后来随着电子商务的出现,实体零售店和实体零售行业受到了前所未有的冲击。互联网电子商务的发展改变了人们购物的习惯,在一定程度上使得零售行业的发展模式不断地丰富,也改变了人们的消费习惯。

随着近年来全球经济放缓,市场出现了低迷销售,企业利润也逐渐降低,电子商务逐渐失去了原有的发展优势,网络购物、直播带货等新生模式的快速发展,转换了传统零售和电子商务的发展模式,传统的零售业形成了多层次的发展格局,网络零售市场成为新型消费模式。新经济常态下的消费者需求不断地转换,粗放型的零售营销模式已不能满足消费者的体验购物需求。

在这样的经济环境和电商发展背景下,出现了线上、线下和物流深度融合的新经济发展模式，这种全新的消费体验也逐渐为消费者接受，零售行业的发展进入了全新的时代，这就是"新零售"产生的背景。

近年来我国居民收入和中产阶级人数均有所增加，中国消费者的购买力与消费额也在逐年提高，国内消费品市场需求庞大，这意味着我国的零售业市场有很大的发展空间和机遇。2019年我国的社会消费品零售总额为41.2万亿元，2020年受新冠疫情的影响，社会消费品零售总额为39.2万亿元，依然是我国经济发展的第一拉动力，是我国经济稳定发展的"压舱石"。同时国家还继续有意在各方面创造条件刺激消费。在这样的背景下，一方面零售行业有着巨大的发展空间，另一方面随着消费需求向品质化、个性化、多样化的方向发展，零售行业也面临着新的挑战。

跨国零售企业在华的经营状况面临着来自各方面的压力。以家乐福、沃尔玛等为代表的大型跨国零售商在经历了快速扩张期之后，近几年也进入了发展的瓶颈期，市场份额的萎缩、国内众多新兴零售企业的兴起都是跨国零售商发展过程中面临的难题。如何适应国内市场竞争形势的转变，解决自身的发展难题至关重要。

虽然消费在经济增长中的地位越来越重要，但随着我国经济增速放缓，宏观经济整体承压也导致居民可支配收入增速放缓，消费增速疲软，消费者的消费意愿也可能有所下降，未来消费行业将会面临较大的不确定性。对于在华的跨国零售企业来说，一方面需要应对宏观经济形势带来的消费疲软的压力，另一方面也要面对国内以天猫超市、盒马鲜生为代表的国内新零售企业的冲击。近五年来，沃尔玛营收大幅放缓，目前年均复合增长率仅为1.45%，净利润从2015财年的162亿美元下滑至2019财年的67亿美元。2019年沃尔玛还陷入了关店风波，全年国内共有16家沃尔玛大卖场停止营业。曾经与沃尔玛齐头并进的大型外资零售企业家乐福更是以48亿元卖身苏宁，这些现象都反映了大型跨国零售企业在华面临的困境。与之相比，阿里旗下新零售企业——盒马鲜生在成立3年后的销售额就达到了140亿元，开出门店149家，迅速跻身中国快消品百强前二十，发展速度之快与传统零售企业的低迷形成鲜明对比。因此，在零售业转型的今天，传统的大型跨国零售企业要想留住多年来积累的客源，就必须在运营方式上做出改变。

在国内消费低迷、零售企业纷纷向新零售转型的背景下，运用新零售的方式创新运营模式是跨国零售企业获取长久发展的最佳选择。传统的跨国零售企业只有不断加强线上和线下的融合，让消费者在购物的过程中得到更多的体验感，才能给传统零售业注入新的活力。

二、新零售的概念及内涵

（一）新零售概念的提出

新零售这个词最开始被提出，是在 2016 年杭州云栖小镇的"云栖大会"上马云演讲，未来"纯电商"时代马上会结束，新零售会成为未来零售业的新宠，而诞生新零售必须要让线上线下和物流三者共同联合。现有的互联网电商将会逐步分散，每个零售企业都会有自己的电商平台，而不会像从前一样建立在如天猫、亚马逊、京东等巨头电子商务平台之上。

或许正是由于新零售的新，从来没有人做过，是一种没有在市场出现过的零售业态，以至于很多人提起新零售都一头雾水。阿里曾为调研的商务部专家提供一个答案：新零售就是基于技术革新的对于人、货、场这些零售场基本要素的再造。而这就意味着，原本对于传统销售渠道的限制，如区域、时段、位置等在新零售时期将不再受到局限，商品的款式、种类以及数量也有了更大的选择性。所谓的新零售模式，是零售商通过线上网络这个运载体，凭借着云端大数据、物联网、AI 技术等高科技，对商品制作到交付的全过程进行优化升级，再加上现在物流，融合线上线下的服务体验，从而重塑零售业态结构，打造出以顾客体验为核心、全方位技术为驱动、重塑顾客、存货、体验、支出方式等各方面要素的新零售业态。

自 2016 年底新零售概念被提出，诸多线上电商与线下零售商开始探索这一新领域。2017 年是"新零售元年"，无论是资本力量还是实体经济，纷纷将目光集中在新零售领域，其中不乏阿里巴巴集团、腾讯等电商巨头以及线下零售巨头永辉超市。2018 年之后，对于新零售的主导权争夺愈演愈烈，不少企业如阿里的盒马鲜生、永辉的超级物种等新零售企业甚至达到了舍命狂奔、高速扩张的程度。

（二）新零售的内涵

关于新零售的内涵，学界和商界都有不同的声音。综合各界观点来说，新零售就是个人、企业以互联网为依托，通过运用大数据、人工智能等先进技术手段并运用心理学知识，对商品的生产、流通与销售过程进行升级改造，进而重塑业态结构与生态圈，并对线上服务、线下体验以及现代物流进行深度融合的零售新模式。新零售的核心在于推动线上线下的融合，利用数字化的技术手段来给消费者构建更具体验感的消费场景，来填补纯电商和纯线下门店之间的空隙。从广义上讲，新零售并无固定的模式，只要是在零售领域做出的业态创新、体验创新都可以称之为新零售。

新零售是在时代转变和商业本质两方面的共同作用下，逐步演变发展而来。消费者消费升级的需求促使生产者的经营逻辑从以往的"生产导向"转变为现在的"消费导向"，因此零售业在运行逻辑、产品和消费者体验方面均出现了变革。自从互联网消费兴起以来，商超一直是传统电商想要渗透的领域，但是由于生活类快消品复购率高、体量大，用户黏性也比较强，因此传统电商很难分得市场份额。

随着人们对电商模式越来越了解，其弊端也在日益显现：虽然网购有价格优势，但毕竟看不见摸不着，对于日常使用度比较高的生活化商品和生鲜类商品来说，网购其实不太实用。生鲜产品是很多消费者日常生活中的刚需，因此，很多零售商纷纷在生鲜这一品类进行改造，来抢占市场。例如阿里的盒马鲜生正是着眼于此，打通线上线下，满足消费者在购物体验方面的痛点和诉求。可见，从很大程度上来说，新零售模式的诞生是消费者和零售商共同诉求的一种契合。

三、新零售的变革

（一）新零售推动传统零售转型

1. 新零售与传统零售的关系

新零售是由传统的零售业态演变而来，是从传统零售进化过程中逐渐成长产生的，它针对传统零售一直以来的难题和存在的弱势寻求特殊的解决方案而衍生的以线上网络为依托的新兴零售业态。曾经的零售业通常以寻求即时回报为目的进行销售，并不有目的性地长期锁住顾客流，与顾客达成长期交易往来；而新零售则是以寻求顾客满意和场景舒适为方向，更偏重于与顾客达成长期往来从而形成流量。其次，传统零售下的物流配送速度慢，服务质量低，顾客提出的更多要求往往不能满足；新零售正是抓住了这一特点，通过云数据、人工智能等高级现代手段的运用，将智能化普遍运用于货物、消费者、配送机制等方面，追求无边界、全渠道的物流效率。

新零售要做的其实就是利用电子商务推动传统零售业，全方面整合营销渠道，利用现如今高速发展的技术手段精准把握客户需求，多平台融合配送与线上的交易方式、技术手段，既有力地下调原本分散导致的高额营业投入资本，提高顾客满意度，而且打破了以往电子商务与传统零售之间的隔阂，无缝融合传统实体零售业与近几年快速发展的电子商务。新零售与传统零售各取所长、相互学习进步，同时带动在上游的产业链共享在数据流和个性化体验的知识，最终进一步促进信息交流与利润提升。

2.新零售与传统零售的共赢

1）融合的心态

新零售的重点是实现线下与线上的无缝对接，通过搭建传统零售和新零售的链接渠道和链接模式实现线上线下的深度融合。新零售与传统零售融合的关键还是专业思维模式，积极探索两者融合的有效模式。例如目前电商企业与传统零售商的融合方式主要有如下几种。

（1）联合营销。

通过整合线上商家和线下商家的优质资源，最大程度地发挥双方的合体优势，最终实现双赢。例如"双十一"活动，就是典型的线上线下联合营销的成功范例。

（2）交易流程化。

这种融合方式是线上采购商品在线下进行销售，也有的合作方式是采取线下商店、线上采购，客户可以在线下体验店中体验想要购买的商品，然后在线上完成购买。例如现在的苹果手机、华为手机等品牌商都在多个城市中建立线下体验店，客户可以根据自己的需求和爱好自行选择商品。

（3）流程优化。

比如一些服装品牌、饰品和酒店等推出定制服务，客户可以在指定地点提供自己的需求，商家反馈信息到生产部门，这样客户可以得到量身定做的定制服装、饰品等。这种方式是将服务部分转移到线下或者线上，流程优化就是对支付环节进行优化。

（4）管理优化。

借助对线上实施信息化管理，诸多连锁店借助于互联网平台为员工提供打卡、线上会议等服务，极大地降低了管理成本，并提升了管理效率。

2）明确使命

新零售企业要不断适应时代的发展，明确零售行业的时代使命，打破人的能力、时间与空间的限制，共享零售渠道、数据等零售资源。新零售时代就是要实现资源共享，打破产业之间的界限，提升供给侧结构改革的高度，构建新零售时代的生态圈，打造新的经营模式。

3）合作共赢

在移动互联网时代，消费者重心已经从70后、80后转移到90后，甚至00后，他们生活在互联网构建的虚拟世界中，虚拟与现实生活的结合使人们的生活方式趋向于多元化，消费结构和消费观念也出现差异化需求。新零售要充分认识到这种差异化和多元化的消费需求，将传统零售和新零售有机融合，升级全渠道零售，迎合新零售时代的主流，提升社会资源的有效利用，实现线上线下零售企业的共赢。

（二）互联网时代的新零售

1994年，中国通过一条64K的国际专线接入国际互联网，中国互联网终于诞生。经历了20多年的发展，互联网带来的变化已经远超一种新型媒体的范围，人们的生产方式、生活方式、交往方式和思维方式都呈现出全新的面貌。尼葛洛庞蒂曾预言的数字化生存对于当代人来说也渐渐成为一种常态。

截至2020年12月，我国网民规模达9.89亿，互联网普及率达70.4%。互联网技术和移动通信技术的提高，促进了我国电子商务的发展，同时也提示传统企业要将互联网思维贯彻到自身发展中，在传播、销售渠道、供应链、价值链等层面用互联网思维重构企业架构。

自2015年李克强总理提出制定"互联网+"计划以来，全国各领域都在积极部署规划将"互联网+"结合进自身领域中。"互联网+"计划的目的在于充分发挥互联网的优势，将互联网与传统产业深入融合，以产业升级提升经济生产力，最后实现社会财富的增加。新零售不仅是对于线下零售的改良，也是对线上零售的优化。新零售是一种以全渠道营销为基础，以供应链重构为前提，以物流方案升级为支撑的新零售模式。而实现这一切的基础是互联网的发展、"互联网+"的应用以及互联网思维的贯彻。"互联网+"的意义不仅是网络与实体的联通，线上与线下的结合，而且与互联网相关的一切都要用互联网思维来思考，"互联网+"背景下的零售模式，要"由内而外"形成一种新的业态。

互联网的发展不仅影响了新零售实践的发展，也对营销传播理论的演变和完善有深刻影响。无论是从"零售之轮"理论到以技术突破为先导的"新零售之轮"理论的过度，还是整合营销传播理论在数字化时代的演变，都是学界与业界相互影响和促进的典范。

（三）消费升级下的新零售

我国居民消费结构已经从传统的以满足基本生活需要为主的传统型消费模式，过渡到以现代服务业为支撑的发展型消费模式。消费者对于产品的需求更加多样化、个性化，也需要更多娱乐性和社交性的消费场景与之匹配。消费需求的变化体现出消费者对于产品价格要求的下降，而更注重产品和服务的品质，即"性价比"。高性价比的商品更符合当下消费者的购物需求，对"品质"的追求成为如今消费升级最明显和重要的一个维度。

消费升级反向促进了零售行业的变化，主要体现在营销渠道分散和产业结构升级两方面。中国消费低端商品呈现下滑趋势而高端消费则大幅增长，这种消费趋势也直接影响消费渠道，大型的零售企业面临着巨大的压力。营销渠道从超级市场到小而精的便利店，线下消费者对于产品品质和获取便捷程度的要求逐渐提升，消费体验的精致再次成为留住线下消费者的理由，这也是众多线上零售借助新零售来与线下零售融合，争夺"体验消费红利"的重要原因之一。

消费升级的方向在很大程度上也是产业升级的重要导向。新零售就是零售行业整体产业升级的典型案例，以消费者为中心来重新构筑零售行业生态，利用大数据和人工智能来弥补传统线上零售的技术不足，并且为线下物流和仓储链条赋能，实现线上线下数据共享，并通过产业链重组和消费关系的重塑，实现人、端、场、货随时联动。

（四）新零售的生态融合

近年来我国零售行业消费保持高速增长，同时，我国线上零售总额也伴随着互联网用户增速的放缓而逐年降低，2019 年，全国网上零售额 106 324 亿元，比上年增长 16.5%，但这个数字与 2014 年的 49.7% 峰值相去甚远。面对经济下行压力以及线上零售红利的缩减，传统电商遭受到"红海"瓶颈，在消费升级的形势下自身"体验感"欠缺的短板凸显，不得不谋求向线下布局的道路。

而线下实体零售业在被线上零售分走一大块蛋糕后，也终于开始积极利用线上资源和大数据、人工智能等技术来扩展自己的销售渠道，并且为自己的物流链和生产链赋能，通过线上线下的联通将自身的高体验性附加值发挥到极致。线上零售和线下零售本着"以消费者为中心"的统一原则，开始探索建立以互联网思维、新技术、新金融为桥梁，创新生产链、物流链、金融链，以求触发用户各种社交化、娱乐化的消费场景，方便其享受"体验式""智能化"的服务，并更及时、高效地反馈欲求和建议，以互相促进企业调整生产和物流的新型闭环零售生态。

四、新零售的发展趋势

新零售的本质还是零售，但是它与传统零售具有内生逻辑性，是比传统零售更能满足消费者需求的零售业态，如图 1-1 所示。

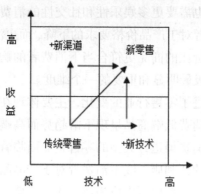

图 1-1　新零售发展思路

（一）打造智慧物流

线上和线下将从以前相互独立、存在冲突的局面逐步互相融合、促进、相辅相成，从而使传统实体零售店面与电商平台融合升级，其所依托的物流技术未来也将建立物流云信息服务平台，帮助新零售企业节约时间与成本，与产业链上其他相关产业相连接，共建大数据，同时提供多种新产品。

在新零售背景下，物流更多的是为全供应链提供增值服务，而不再单单是提供实物的运输、仓储、流通加工等功能。随着仓储和配送模式的变革，物流可以做到快速响应，准确配送，消费者的用户体验因此得以提升。在这样的背景下，传统零售企业必须做好供应链管理，提高周转效率。在店铺缺货的情况下如何用最短的时间和最经济的方式从其他店铺调货；如何利用物流信息系统对各个渠道的订单配送进行实时跟踪；如何在实体店为线上渠道下单的用户提供售后服务，这些都是智慧物流和供应链管理方面需要解决的问题。

仓储作为物流的核心环节之一，面对新的需求，仓储管理必须进行转型。首先应该提高仓储设备的自动化水平，配备智能分拣系统建立起智能立体仓库，同时配合数据处理平台，增加商品在仓库里的流通效率。另外还需要利用大数据管理平台优化仓储布局，根据用户的需求和商品特点给仓库选址，还可以通过设置前置仓的方式，改变以往以生产地或者以区域为中心的配仓模式，转为以客户为中心。建立起这样的仓储系统之后，用户在线上下单的信息将会通过信息平台推送给距离需求用户最近的前置仓，然后由仓库安排打包和配送。也有一些线下门店和前置仓两用的模式，前店后仓减少仓储库存成本，有利于提高整体的物流效益。

同时，配送作为联系客户的最后一步，会对消费者的体验和满意程度产生很大的影响。为了提高响应速度、配合仓储布局的改变，配送模式也应该进行变革。在前端使用智能化的设备实现自动分拣和装卸，并通过信息平台的数据对订单进行分解，制定相对应的配送计划和定制路线，从而提高配送效率。短途的配送也可以采取无人机和无人车等自动化设备取代人工配送，提高效率，弥补人工的不足。当然，要想实现整个供应链上信息无阻碍地快速传播，还必须通过数据平台的共享，实现库存数据的互联互通。沃尔玛在中国的供应链管理就借助了国际先进的大数据平台和移动应用，平台有很强的数据分析和存储能力，可以给供应链的管理者们提供直观便捷可视化的管理工具，在提升供应链管理效率方面有一定的参考意义。

（二）强化用户体验

通过大数据与物联网等技术的支持，顾客群体将被精准地进一步定位细分，新零售企业可以更加了解这个用户群体的需求特征，从而根据不同的需求设定与之匹配的不同的消费体验，将新零售平台与顾客紧紧联系在一起，增强平台黏性，引起消费购物模式的变革。

（三）打造无人仓

企业借助互联网的传播能力、数据力量等特点营造出一个全新的零售业态，给线下的实体店铺提供了更多信息与发展潜力，消费者从而获得更加专业的服务以及更加优质的产品。伴随着云计算等新兴技术的不断发展，新零售行业对于商品的生产一直到出售，都能够收到实时反馈，零售商得以控制商品的生产，实现零库存经营，进一步给行业减负，降低成本，推动零售业继续高速发展。

第二节　新零售的核心

一、新技术在零售各个环节的运用

当前，随着云服务、虚拟现实和人工智能等技术在各行业投入使用，对"大数据"的运用也越来越广泛。目前，大数据正在广泛应用到各行各业，但是这些应用多指"线上大数据"。不同于对用户的线上行为数据化的线上大数据，线下大数据的应用还很欠缺。线下大数据是指脱离了互联网或者是跟互联网有一定联系的用户在线下现实场景下实现的行为数据，目前对线下大数据的分析和运用远不及线上大数据。尽管线上的消费行为逐渐增多，但从总体来看，线上消费占总体的比重仍无法超越线下消费，因此线下大数据的开发和运用对分析消费者的行为具有重要意义。随着线上流量红利的逐渐稳定，如何发挥线下流量价值成为企业重要的战略关注点。未来随着物联网的发展，线上大数据和线下大数据必然实现高度融合。单纯的线上大数据或线下大数据难以实现流量价值效益最大化，只有将线上大数据和线下大数据融合才能实现数据价值的完整闭环。

新技术的运用最大的效果就是提升用户体验、提高运营效率和改变消费场景。从消费者端来看，人脸识别、AR/VR和自动支付等技术可以缩短购物流程，为消费者节约时间；大数据分析消费者购买行为后可以推荐更适合消费者的个性化商品，这可以提高消费者购物的满意度。从运营端来看，通过对消费者的精准分析定位和智能化的供应管理系统的运用，供应商可以做到根据需求精准配货，真正实现对消费需求的定位和预判，进而使生产计划和仓储管理都更加智能高效。从物流端来看，有精准分析和无人机加持的智能物流，使得配送更加及时。这些新技术在零售行业的运用大大提高了运营效率，也让零售各环节相互融合成为可能。

二、新零售的各个渠道逐渐走向融合

在新零售模式下渠道的界限已经逐渐模糊，单纯的线上渠道或者是单纯的线下门店都遇到了发展的瓶颈期，线上线下必然走向融合。大型电商企业开始布局线下门店增加客户购物的体验感、众多实体零售商业纷纷触网提高效率。随着渠道融合的深入发展，各渠道的商品和服务将会逐渐同质化，消费者只需要选择适合自己的渠道而不用再去承担选错渠道带来的风险。

（一）数据、商品和服务的融合

融合是新零售时代的基本思维，线上线下的数据和渠道都将依托新技术的运用逐渐融合。在新零售模式下，零售商将会做到线上线下全渠道覆盖，给消费者提供虚实结合的消费体验。

从数据方面来说，虽然大数据已经广泛应用到电商的精准营销，但线下消费者巨大的数据来源还未得到充分的开发和利用，将线下的消费者行为数据化并与线上数据进行综合分析是开展更精准营销的前提。基于融合的数据进行会员统一管理，消费者无论是在线上购买还是在线下购买，都会享受到无差别的权益和服务，进而提高消费者的品牌忠诚度。

从渠道方面来说，随着移动互联网时代的到来，当前零售的线下渠道逐渐向小业态、社区化发展，线上渠道逐渐向移动化发展，这使得商家与消费者的距离被拉进，为实现线上与线下商品同步运营提供了前提。渠道的融合不是简单的相加，而是在数字技术的支撑下打破原有渠道的边界，整合商品流、信息流和物流，最终实现线上线下同步进行的新零售形式。

如何保障各个渠道产品同质同价是一大难题，在实现线上线下同款同价、库存打通、终端随意调货的过程中，最关键的是要建立有效的渠道共享机制，对实体店体系进行变革，实现数据化运营。

（二）新零售环境下的供应链协调融合

新零售背景下的渠道融合主要有渠道缩短和打通线上线下渠道两种方式。新零售环境下无缝的购买体验可以吸引更多的消费者，扩大零售市场。全渠道的库存信息公开导致线下商店库存是否可用显得更加重要，但同时零售企业需要平衡库存增加所带来的库存剩余风险和高库存可用性增加的市场需求之间的逆反关系，以最大化自身的利益。

渠道间的竞争带来了渠道间的需求转移，零售企业渠道的引入使得竞争所带来的需求转移更加明显。传统的协调机制并不一定能达到协调新零售企业内部线上渠道和线下渠道的目的，需要根据博弈关系探索新的协调机制以达到零售企业内部的协调。通过双向收益共享契约协调双方收入分配，达到了合理分配企业内部各渠道收益的目的。

零售企业库存合理的重要性进一步提升，通过制造商协调零售商转运能有效减少供需不匹配和企业之间信息不对称的问题。引入转运后，零售商制定最优订货决策区间相比于制定最优库存点能减少零售商库存波动，从而减少转运成本和转运带来的风险；转运过程中的价格决策对转运所达到的协调效果影响较大，同时转运过程中的各方交易价格决策互相影响。在多个零售商之间的就近转运规则下，零售商的库存策略存在唯一纳什均衡解，且引入转运中心能有效提升供应链转运的效益。新零售环境下零售商的订货决策，制造商的生产决策及定价决策，和供应链中其他可控变量的设置提供了有效的理论依据。

（三）零售产业链的融合

新零售的运营模式在运营消费者和自己的组织系统之外，还需要整个产业链上下游的合作，打造开放型的综合平台，整合全产业链的用户数据，达到用户数据的互通和高效利用。在以往的零售模式下，零售商、上下游供应商和渠道相关利益者以及最终消费者都无法做到及时精准地沟通。而如今随着大数据、人工智能、物联网甚至区块链技术的运用，多方数据共享将会实现。在这样的前提下，零售商就可以追踪产品来源、及时选取合适的产品，也可以及时将用户的需求反馈给制造商，从而使得供求信息在渠道内形成良性的互动，制造商可以生产更适销的产品，增加社会的有效供给，又能及时满足顾客不断变化的需求。由此可见，平台化思维在新零售的发展中将会得到进一步的重视，未来的零售业将会向全渠道和无边界方向发展，这也要求零售商突破行业、国别的限制，用更加开阔和多维的眼光看待问题，广泛开展与各个渠道各个生产环节的合作。

另外，物流作为连接产业链各个环节的重要因素，承担着联系上下游各方面的使命。在新零售背景下的物流也不再单单是提供实物的运输、仓储、流通加工等功能，而更多的是为全供应链提供增值服务。将互联网思维和传统物流业的运营链条相结合，打造新型信息管理平台，这有利于把物流运输的各个参与方紧密联系在一起，同步实时管理订单信息，发现问题能够及时解决，提升运营效率。例如沃尔玛的拣货员使用的手持终端输入了各种商品的参数和位置等信息，可以帮助拣货员快速找到所需商品，还可以准确地了解存货量，这将极大地提高了分拣效率。同时，很多零售商也纷纷开始布局以顾客和社区为核心的云仓和前置仓，增强物流体系的跨区域协同性。

三、零售活动被赋予了除购物之外的新功能

新零售模式实现了购物和休闲社交的融合，消费者在购物的同时也能享受到一些休闲和社交服务。社交圈也是新零售特有的生态圈，消费者在线下体验之后才转向线上购买，线上的购入交易建立在线下体验的基础之上，这样的过程为线上交易、线下社交提供了可能。新零售模式也将重构零售的价值链，通过对数据的分析和运用，不断降低运营过程中的损耗。

随着收入的提高和观念的转变，商品品质和消费体验成为消费者在购物过程中看重的部分。许多城市综合性购物中心数量的增加表明，在消费升级的过程中，消费者更加注重消费的体验，在购买商品本身之外还希望能够享受到娱乐休闲和餐饮服务。传统零售是以企业效率为中心的商业模式，而新零售是以用户体验为中心的商业模式，零售商始终需要以消费者为核心来提供更好的服务。尤其是传统的纯电商零售企业为了弥补网购体验感不足的弊端纷纷开始打破边界，改变以往只有线上渠道的经营模式。例如阿里联手三江购物和苏宁电器、京东与永辉和沃尔玛达成战略合作，这表明电商零售企业迫切需求营造消

费场景化。虽然电商企业牵手线下门店给消费者创造体验化的消费场景，但是这并不意味着传统的线下零售商们已经在购物体验方面做到了极致。相反，许多线下门店千篇一律，很难吸引消费者。对于这些线下门店来说，在原有模式的基础上增加新的产品和服务设备，或者开展个性化定制化的服务是最佳选择。

不同的零售业态在消费场景的构建上存在一些差异：对于百货商场来说，可以打造沉浸式购物场景，引入时尚和新潮的场景设计和先进的科技体验元素。例如北京三里屯的太古里就致力于打造最潮流、最时尚的商圈，以这种概念和场景设计来吸引消费者。对于传统超市来说，可以对复购率高的刚性需求生鲜品类商品区域进行改造，并搭配智能设备提升购物效率。例如盒马鲜生通过APP和线下门店结合的方式提供生鲜食品和餐饮服务，同时店内还加入了智能传送带、堂食烹饪区等设计，使购物更加方便快捷。

未来零售业可能会出现更多创新的业态，但无论它怎么发展变化，最终还是会围绕"成本、效率、体验"这三个方面发生变革。无论零售的形式如何变化，但本质万变不离其宗：把握消费者需求，在最合适的场景将消费者需要的商品用成本最低、最便捷的方式送到消费者手中。不仅要求零售商能够准确把握市场需求，更重要的是要做用户需求的引领者，这要求零售商有强大的运营能力，比如高效的供应链，精准的渠道布局以及店铺达成交易的能力。

第三节 新商科的内涵

一、新商科提出的背景和现实意义

（一）新商科提出的背景

当前，新兴技术不断涌现，我国产业结构已进入全面调整升级期，互联网、云计算、大数据、人工智能、共享经济和商业 3.0 等新型技术与模式，正深刻改变人们的思维、生产和学习方式。

针对新商科的建设与探讨，相关高校和机构的行动如下：

2017 年新商科国际职教联盟成立。

2018 年 9 月，浙江工商大学现代商贸研究中心组建新商科教育研究所。

2018 年 9 月，四所本科校与四所高职校共话新商科人才培养研讨会。

2018 年 11 月，全国 200 多名专家学者齐聚无锡商业职业技术学院，共析新商业变局，谋划新商科建设，大会向全国产业界与教育界发出《新商科无锡倡议》。

2018 年 12 月，高等院校新商科建设与国际化联盟成立。新商科已成为产业界和教育界的共同话题。

（二）新商科提出的现实意义

1. 与新一轮科技和产业革命相匹配

新一轮科技革命和产业变革从蓄势待发到群体涌现，各项颠覆性技术多点突破，加速迸发，以人工智能、物联网、区块链、机器人、5G 移动通信技术为代表的新兴突破性技术在带来生活形态、产业形态、企业组织转变的同时，还对传统商业模式产生深刻影响，并将引发一系列与信息化和智能化相适应的新学科建设。

在以网商、网货、网规为核心的新商业文明正以各种方式和路径影响着企业的商业生态。这种商业生态的创新层出不穷，在技术形态上表现为数字化、信息化、物联化和智能化；在规模形态上表现为分散化、个性化和定制化；在产业形态上表现为宏思维、关联性和平台化；在文化形态上表现为多域互动、跨界协作、同理心和体验服务。新商科与产业发展、商业生态紧密相连，互相支撑，互相依靠，新商科面临新选择和新变化，当人们在描绘和展望商业未来时，实际上也在为商科找准新的发展方向，以引领中国商科建设从现在走向未来，成为顺应潮流，适应变化并指引新商业革命与新商业文明发展的中坚力量。

2. 为推进学科新专业建设奠定基础

21 世纪以来，互联网与传统行业深度融合，在推动经济增长、模式迭代的同时，逐渐演变为一种以新的生产方式、新的流通方式、新的消费方式和网商、网货、网规为核心的新商业革命和新商业文明。正视新商业文明的深刻影响，新的职业和就业岗位纷纷呈现，各类商科创新求变，交叉整合和跨界融合势在必行。在此背景下，研究探索新商科新专业的新概念、新思维、新目标、新途径与新模式，为新商业革命急需的复合型、融合型和创新型的新型商业人才的培养奠定基础。

3. 培养新时代卓越的新商科人才

大学围绕学科而构建，学科是大学存在的逻辑起点。世界大学教育，从其功能的演变看，经历了 4 个阶段：①大学 1.0 时代——纯粹的知识传授；②大学 2.0 时代——知识传授＋学术研究；③大学 3.0 时代——知识传授＋学术研究＋社会服务；④大学 4.0 时代——在第三阶段的基础上加创新功能。

创新是新商科的突围思路。从原有的先有学科、再有专业、再到培养人才，到现在的新商业文明环境下，先预测未来人才需求，再改造升级现有专业、调整完善现有学科，再到同步建设学科与专业，只有这样，新商科建设才能及时或超越地为新商业革命培养卓越的商业科技与人文人才。

二、新商科的概念

新商科，是在现有商科发展的基础上，迎接经济社会和科学技术挑战，正在形成或将要形成的新兴商业学科、领域或方向，代表科技和商业的新发展，与快速发展的新产业和新经济联系紧密，是科学技术、商业实践的创新与进步，不同学科交叉与交融，所形成的新兴商业学科的新领域、新范式、新教育等的综合概念。新商科凸显"新"字，"新"体现在如下几个方面。

（一）不确定

因为新，所以就具备某些不确定性或模糊性。在新商科领域，要面对新情况、不清晰、不确定性、甚至暂时不完全正确的认识和理解，这是作为新商科引领者必须面对的现实。

（二）复合型

20世纪以来，经济学与管理学的交叉越来越深入，两大学科不断地融合。新商科力求突破学科边界，融合与新市场相关联的经济、管理学科以及信息技术知识，是服务于新型商业生态系统的复合型、融合型商科。

（三）创新性

创新是新商科的核心本质和灵魂。

（1）背景新。在信息时代，新商业文明催生了新的基础设施、新的商业规律、新的商业组织、新的商业模式、新的价值观、新的社会生活形态等，新商科遵循新商业文明的规律，利用新信息、新技术、新商务、新金融、新物流等手段服务于新商科。

（2）认识新。新商科是对传统商科的新理解、新认识，突出对新商科内涵和外延的重新设计与厘定，并赋予新的灵魂。

（3）范式新。改变传统商科的领域、方向、专业、方法等，注入新范式。

（4）举措新。基于人本主义和务实主义思想，分析新商科建设的内外部条件，探索我国商科与实业界的融合创新，采取新措施，建立适应我国和引领新商业文明的"大规模、全系列、高质量"的新商科体系。

三、新商科的特征

（一）融合现代新技术的综合学科

传统商科以职业能力导向为主，培养商业专门人才，传统商科下高校专业课程的基础是经济学和管理学，主要面向市场运作和市场营销；新商科是在新时代背景下的学科建设，更多地融合了互联网技术、云计算、人工智能等现代技术，学科知识面更加宽广，使商业活动打破空间障碍和距离阻隔，也促使新商科成为更加便捷、精准的学科。

（二）培养复合型人才的学科

1. 适应新的商业领域的跨界人才

在传统的"培养怎样的人、如何培养人"的理念下，新商科强调学生要有新思维，即要有互联网思维和算法思维；要掌握新规则，即掌握开放经济、跨国经济、跨文化经济的新规则；要具有新理论，即具有数字经济时代的经营管理的理论与方法，能较好地把握经济动态和内在发展逻辑。

2. 具备复合型的知识结构

新商科要求学生不但要掌握新兴现代信息技术，还要掌握国际贸易、财务管理、市场营销等商务知识，还包括工业、农业、服务业的行业特点与发展趋势等行业基本知识、综合实践知识，以及创新创业知识、新的商业环境下的商务运作模式等，做到多学科知识融会贯通。

3. 具备复合型的能力结构

新商科要求学生不仅要有知识应用能力、工程和管理实践能力、创新创业能力、团队协作能力与人沟通交流的能力，还要有学习能力和自我修复与完善的能力。特别是要强化学习能力，由于新技术日新月异，新的商业模式层出不穷，这样才不会落后于时代并被淘汰出局。

4. 具备复合型的素质结构

谈及素质结构，很容易联系到大学生的思想素质、文化素质、心理素质和身体素质等。新商科必须使学生具备复合型的素质结构，包括知识的复合与能力的复合，以便应对复杂、新生的商业竞争局势和商贸环境。

第四节　发展商科的必要性

一、坚持"文化自信"的需要

传统商科将发达的资本主义社会背景下产生的商科思维和实例传授于学生，让学生在中国的国情中进行应用，形成了理论与实践的脱节。新商科利用中国特色的话语体系、采用中国案例、解释中国现象和问题，具有实践性和真实生动性，有助于学生理解和掌握知识，也有利于中国特色社会主义经济理论体系的发展。

二、应对互联网发展的迫切需要

我国互联网应用继续保持高速发展的态势。互联网作为一种功能元素，正在融入各行各业，成为商业运营管理中不可或缺的一部分。推动着商业经营模式和渠道的改变。不发展新商科教育，就无法应对互联网发展的变革。

三、适应新业态和新产业发展的需要

餐饮和互联网相融合，催生了外卖跑腿业务；众多的网购、网销活动，触发了支付宝、微信等移动支付功能的产生。互联网使原有的传统商业门店受到冲击；相应的线上线下联办网上交易等新的商业渠道和模式正在不断发展，这些现实变化迫切需要培养新商科人才。

四、应对互联网经济快节奏的需要

在互联网背景下，商业活动极易产生漫延式快速发展，创新的商业理念或想法，一旦落地节奏慢，商业机会则转瞬即逝。因此，在互联网经济中，企业的竞争优势来自创新的效率和速度。特别是一些技术、资金门槛低的行业，如果无法适应互联网经济的快节奏，就可能会失去进入市场和行业的机会。这一发展背景，要求新商科的发展和新商业人才的培养能够与时俱进。

五、适应新的商业文明规则的需要

新商科是将新信息技术、新金融、新物流等综合应用于商业交换而形成的学科。新的劳动工具应用于生产必然产生新的技能积累，新的知识体系融合应用于商业必然产生新的商业文明和规则。因此，发展新商科，培养新商科人才，正是为了适应这一发展态势的需要。

六、顺应学科发展潮流的需要

商科的知识结构体系是介于工科和文科之间的交叉性学科，对学生的数学知识要求既不像工科那般深奥，也不像文科那般放松。因而，商科专业受到不少学生的青睐。英国每 7 个学生中就有 1 位选择学习商科；中国财经类民办高校排名位居前列的西安欧亚学院，28 个本科专业中，商科类专业就占据了 16 席。社会需要商科教育，更需要与时俱进的商科教育。

第五节　商科发展面临的问题与挑战

一、商科发展面临的问题

新商科的发展实质上是商科学科的建设与发展，是商科教育的一场变革和为适应社会经济发展而进行的调整。

（一）人才培养模式和教育教学体系的重塑

新商科发展是一项教育教学体系可塑性的变革工程，其面向的是新业态、新商品和新管理，必须重塑人才培养模式和教育教学体系。要塑造人才全面发展培养模式，实现产教融合、产学研合作；在课程体系上，建立能反映新思维、新经济、新管理、新金融、新法学的课程体系；在教学模式和教学平台建设上要建立任务驱动型、体验型的教学模式和智能化、共享型的教学平台以及教学分析工具；在教学管理和教育治理上要建立一套新商科的教育思想、理念、体系、机制、方式、评价等。

（二）培养口径拓宽和学生跨学科知识储备的不足

传统商科课程内容设置主要以经济、管理等商科专业理论知识为主，与互联网发展相关的学科课程的外延拓展较少，导致学生跨学科的知识储备不足；同时教师队伍中具有交叉融合性知识和真正双师双能型的人才也相对缺乏，许多学校无法开设更多的可供学生选择的包含了新技术知识的选修课，"以师带徒"的导师制教学方式几乎难以实现，以改新商科发展受阻。

（三）学生的团队协作和组织管理能力的欠缺

当前的大学生大多为独生子女，自小缺乏与同伴合作的能力培养；而且，长期的应试教育，强调学生的独立思考、独立解决问题，培养的是个性化的能力，缺乏合作精神的培养。进入高等教育阶段，仅寄希望于学生参加校园社团来培养团队精神，或者通过担任学生干部来培养组织领导能力，这是远不能满足新经济、新商业对新商科学生的协作精神和组织管理能力新要求的。

（四）学生的创新思维和终身学习习惯培养的不足

任何学科的发展，其学生的创新思维和创新能力的培养均代表着学科的生命力所在。商科的创新能力培养不同于理工科的学术创新训练模式，商科的创新培养主要是通过商业实践中发现问题、总结经验，并探索突破现有商业模式中制约瓶颈的新方法。其需要学生不仅具有坚实的商科理论基础知识，而且还要有丰富的实践经验积累，同时要保持良好的终生学习习惯，从而激发创新思维。然而，大部分商科院校缺乏自主的实践环境和条件，虽然建立了校企合作的实践教学基地。但由于学校无权要求和监督实践基地为学生提供实践的机会、条件和标准，以致实践过程并不扎实，难以培养出真正的具有创新思维能力的新商科人才。

二、商科发展面临的挑战

（一）教育认知范式革命和商科教育模式的重构

在工业经济社会中，马克思采用抽象分析的方法，解剖了工业社会的细胞——商品，并由此揭示了商品的属性、生产方式、生产要素配置方式、社会形态和生产关系。商科教育的认知范式是工业经济的认知范式。课程体系、人才培养模式也是适应工业经济社会所形成的。然而，新商科发展面临的是数字经济社会，数字资源的经济学规律尚不明确，数字作为生产要素和商品的经济理论还未成熟，数字经济驱动下的劳动制度、薪酬体系、金融规则、商品交易、国际贸易等还处于变革阶段。所以，商科教育模式面临着从工业经济时代的批量化、标准化向智能化特色化、差异化、个性化、多样化、人性化的转变。数字经济时代的商品属性和生产要素配置方式将成为新商科课程体系设置的逻辑起点。

（二）人们思维方式和思想观念的转变

在长期的农业经济时代和工业经济时代，传统的商科已经形成了与之匹配的较为完善的理论及方法体系，同时，社会经济形态反映在社会组织、行为规范、思想观念、思维方式等方面已经成为定式。技术进步、技术创新驱动下的数字经济、人工智能等新经济、新产业的出现，要求人的思想观念、思维方式随之进行转变。例如，边际报酬递减规律被数字经济所颠覆。但是，思想观念的转变是一个循序渐进的过程，往往落后于技术进步和社会经济运行的实践，新商科的发展不可避免将面临这一人们思想观念转变相对滞后的挑战。

三、推动新商科发展的对策

面对不断变革的社会经济环境，在新商业文明进程中，同其他学科的发展道理一样，商科的发展同样要求具有"超前识变、积极应变、主动求变"的意识。在探索新商科新理念、新概念、新范式的基础上，提出新商科发展的对策。

（一）优化课程体系

新商科是基于现代化的网络技术和互联网经济向商品交换、工商企业管理等领域的渗透和嵌入的基础之上的，因此，必须对原有的课程体系进行重构和优化。新商科的课程设置，应至少包括三个方面的知识。

第一，传统的商科知识，如商品的生产、管理、成本效益核算、市场沟通、商业运作等方面的知识。

第二，现代信息技术、网络技术、数字经济等方面的知识。

第三，创新创业相关知识以及能够兴办、领办现代工商企业方面的知识。课程设置的目的是为学生建立一个跨界的交叉融合的知识结构体系。

例如，上海对外经贸大学为推动新商科发展，新增了区块链新金融、企业数字化运营管理、社交媒体、人工智能与客户管理、云计算商务实训、企业管理数据可视化与智能决策、大数据营销等课程。

（二）搭建跨界学习平台

当前活跃在电子商务领域的电商大佬中，鲜少是电子商务专业科班出身的学生，大多数人是从实践中摸爬滚打出来，或者是从计算机、经济管理方面跨界发展起来的。由此可见，新商科的发展和人才培养，必须要为学生创造更多的实践机会，把企业搬进校园、把课堂引入企业，要落到实处，真正为学生搭建一个跨界学习的平台，创造就读期间就能够训练学生团结协作精神和实践运作能力的机会。

（三）强化双创能力培养

在原有经济体制和商业模式下，培养的商科学生主要去向是在企业专职于某一岗位的工作，这要求学生"十年磨一剑，今日把示君"，在他人搭建的平台上展示自己的才华。而如今市场经济、数字经济、网络经济不断发展，"自己办企业、自己开门店"已成平常易事，尤其是电子商务、互联网金融的出现，为自主创业、申办企业提供了更为宽松的条件。所以，应把训练学生的创新创业能力作为推动新商科发展的重点内容和环节。

例如，武汉乐湖学院在商科学生的创新创业教育方面，要求学生"依托专业搞创业，依靠创新促创业"，将创新创业教育分为三个阶段：

第一阶段，通过认知实习和创业案例教学来完成创新创业思维训练。

第二阶段，通过创业基础教育、商业计划书撰写训练，申办企业的程序与操作训练，领办企业中的生产管理、财务管理、人力资源管理等课程学习来完成学生的创业能力训练。

第三阶段，扶持、指导学生企业，帮助学生克服创业中的障碍和难题。

（四）确立新的商科人才标准和确定新的毕业要求

其一，兼容英美通识和欧洲专业两大教育体系，建立符合中国国情的专业与通识教育兼容并包的"中和"体系。

其二，推行国内认证与国际认证相结合。在追求质量标准的过程中，实行3个等级专业认证：国内认证、现行国际认证和世界一流专业认证。利用认证，展示我国商科教育的地位和水平。

（五）打造"三师"型教师队伍

在数字经济时代，新商科学生必须是复合型人才，这要求其不能仅学习商科课程，还要学习计算机、网络管理、大数据分析方面的现代科学技术类课程。因此，新商科教育的教师队伍应该构建如下。

首先，商科教师、工学、农学、计算机等多学科的行业教师、企业管理或技术专家组成的"三师"型教师队伍，这样可以为学生在学习阶段就夯实商科与跨行业知识的融合基础。

其次，"因材施教"地对学生进行个性化、差异化的培养。特别是企业管理者、行业技术专家在教学中的融入，可以使学生在创业和就业的过程中增强信心，也有助于学生少走弯路。

（六）建立校友回访制

目前存在于高等教育体系中的通病，是教学落后于实践、教材落后于实践，专业不能有效对接行业课程，不能有效对接学生能力，教育发展跟不上经济社会发展与产业结构调整的步伐。发展新商科的教育改革中，对于开展了商科教育的高校，可建立校友回访制度，多角度充分开发校友资源，邀请校友将行业发展中的问题和需求及时反馈至母校，促进母校对专业设置及课程体系的调整与完善。

同时，可以由学校牵头成立松散型的商科专业发展教学指导委员会或联合协作协会，既吸纳多方共同促进专业发展，也引导师生进行终身学习和知识更新，把"干中学"和"学中干"有机地结合起来。如今各种社交 APP 的普及，使各个高校的校友会、联合会、协会等组织的建立和沟通更为方便，完全有条件通过搭建校友平台来推动新商科的发展。

（七）重构新商科发展利益相关者参与治理体系

借鉴德国模式与经验，建立"政用产学研"五位一体的新商科治理体系。从"产学研"到"政用产学研"，增加"政"与"用"，显现政府政策引领与公共教育平台搭建作用，以及用户的创新性市场先导地位。

"政用产学研"的本质在于促进科技、教育与经济的有机结合，体现政策引导、用户创新、产业联盟、学校教育、科学研究等的系统合作，把以课堂传授知识为主的学校教育与直接获取实际经验、实践能力为主的商业科研实践有机结合，形成强大的先进系统并在运行中体现综合优势。

（八）建立新型商科大学

其一，发挥商企和大学作用。企业大学建校思想源于学习型组织理念，服务于终身学习需要，也有助于解决了高校人才入职培训问题，如美国的农工大学、英国的红砖大学等，值得中国借鉴。可以探索允许其在高考中正规招生，以此来解决商科教育与商业界脱节的问题，并带动其他大学的转型。

其二，创建开环式新型商科大学。开环式新型商科大学的人才培养模式基于商业价值链，具有如下特征：本科教育、继续教育、终身教育的有效融合，商业新主题的专业设定；不连续的间断学习；混合式的课程体系等。

（九）着力商科教育与商业界的融合创新

其一，按商业界主题着力"三个重构"：适应新商业生态系统的新商科专业群，适应新商科人才的岗位细分架构以及新商科专业群复合型知识与技能体系。

其二，按照商业价值链重构人才培养模式：基于新理念、新技术、新技能的跨界模式，基于商业逻辑视角的工商融合模式，基于产品生命周期演进视角的过程培养模式，以及基于企业核心竞争力的创新能力培养模式。

总之，中国新商科要在新商业文明进行中成为领跑者，必须夯实基础，在学科研究、专业建设、人才培养等方面做好充分准备。

随着移动互联网、传感网、大数据、超级计算、脑科学、人工智能等新技术新理论的发展，适应商业、技术和人文愈发深层次融合的需要，加速构建和优化新商科、新商科专业以及新商科人才培养方向，具有更加特殊的现实意义。前沿业态引领性、学科之间交融性、知识体系多样性、人才培养创新性。新商科凸显"新"字，即兴起背景新、内涵认识新、领域范式新和建设举措新。

第二章　商科教育的国际化与本土化

伴随着世界经济一体化进程的不断深入，全球化商业活动在各国经济中的地位日益突出。为满足对新型商业人才的不断需求，高等学校商科教育的国际交流与合作日益密切，国际化已成为全球高校商科教育发展的基本要求和共同趋势。但是，要促进商科教育的发展，在不断学习国际化经验的同时，不断促进商科教育的本土化也十分重要。本章主要分为商科教育的国际化经验、商科教育的本土化探索、商科教育的多科融合三部分，主要内容包括：法国高等商科教育、中国商科演进的历史考察等方面。

第一节　商科教育的国际化经验

一、法国高等商科教育

（一）法国高等商科教育的发展特色

从 20 世纪中后期开始，战后欧美各国在本国经济发展的助推之下，高等商科教育进入了一个新兴发展的时期，采取了一系列行之有效的措施，在商科人才培养方面取得了突破性进展。法国的高等商科教育发展情况良好，在世界上仅次于美国，在欧洲是首屈一指的。根据 FT（Financial Times）2013 年的经营管理类排名（Masters in Management），前五名的商学院里法国有 2 所，前 10 名中法国商学院占了 4 个。其教学特色主要体现在以下几个方面。

1. 专业特色

法国高等商科教育发展情况比较好，与法国高等教育体制是具有密切关系的。在法国，公立大学开设有商科专业，另外有专门的商学院。相对来说，公立大学的商科比较偏重理论研究。商学院则不属于公立高等教育体系，而是法国教育部为了加强某些专门的学科而特别规划出来的体系，教学体制和风格均可自行灵活设定。在基本理论教育的基础上，课程设置偏重训练学生的专业技能和实践能力。商学院的老师通常都是公司里的管理人员，本身就具有丰富的经验，也使学生较容易获得更多的一手资讯。

2. 培养目标

法国的公立高等教育是大众化教育，高中毕业的学生只要参加了高考，基本都能进入大学就读。商学院的主要目标则是培养精英和高素质商业人才，重点培养学生的分析和决策能力、口头及文字表达能力、分工协作和团队合作能力、商业头脑和组织管理能力。在法国，商学院是独立招生的，高中毕业生们仅仅参加高考是不能直接进入这些学校，必须要先进行专门的预科阶段 1 到 2 年的学习，之后参加学校的考试和面试才算正式入学。相对来说考入商学院的难度是比较高的，但是一旦进入，并顺利完成学业的话，凭着商学院的金字招牌在就业市场会很受欢迎。

3. 专业和课程设置

法国的商学院由于是独立办学，学校享有较大的自主权，可以根据社会上对人才的需求灵活地设置专业和安排课程。在专业设置方面，以旅游专业为例，法国各高等商学院依据各自的教学优势和目标市场的不同，不同学校开设的专业也各有特色，有旅游管理专业、酒店管理专业、旅游管理和服务市场营销专业、旅游和休闲管理专业、国际酒店和旅游专业、服务业管理专业、会展管理专业。同一门类下各专业有不同侧重，较好地避免了相似专业间的同质化现象。学生可根据自己的兴趣和想要就业的方向选择学校和专业。在具体课程设置和教学内容安排上，除了系统教授本专业的基本理论课程，也会安排与本专业相关的其他专业知识。但是这些课程的具体教学内容，则不再是系统地学习一个完整的知识体系，而是选取具体的、今后工作过程中可能经常用到的知识点来进行讲授和训练。使学生既拓展了相关知识，又不会觉得与本专业关系不密切而导致学习兴趣不强。

4. 授课方式

法国高等商学院的授课方式也比较灵活。除了基本的课堂讲授方式外，还有研讨课和工作室，邀请一些大公司的高管来给学生介绍企业运营中的实际案例，组织学生走出学校进行实地演练，获取一线的经验，这些都是要计学分，要求学生们积极和认真参与的。甚至有一些课程，是连老师也没有，教材也没有，没有固定地点，没有固定内容，只是让学生们自由分组，自行讨论和选取课题，进行相关调研，提交调研报告即可。

5. 考核方式

法国商学院对学生的学业考核方式主要有考试和作业两种。考试在形式上和国内大学的考核方式其实没有区别。特点在于法国商学院，包括普通公立大学，老师授课是没有指定教材的。这就要求学生上课一定得认真听，做好笔记。考试的时候同样也会考名词解释和简单题，如果平时上课没有做好准备，那到考前也是没有现成的材料可供复习的。作业按不同表现形式又可划分为个人作业和小组作业以及纸质作业和成果展示。法国商学院非常重视培养学生的团队合作精神，让每个学生都参与到不同的团队中，在完成作业的过程中学习相互沟通、协作，学会付出和牺牲，为团队的整体目标努力。成果展示更是对学生综合素质能力的一个训练，不仅要求学生在前期通过个人或者小组的方式完成调研或者策划，同时要最后将成果介绍和展示给大家。这不仅考核学生对专业知识的掌握，同时也考察学生的口头和书面表达能力，以及在众人面前发言的胆量和对场面的控制能力。学生们通常都会着正装，从衣着到谈吐的专业性都是老师考核的内容。力求营造一种氛围，让学生在学校学习的过程中就逐渐接触、习惯和适应真实的职场氛围和环境，实现学校与社会的无缝对接。

6. 实习机会

法国商学院作为私立院校，采取企业的运作模式，和其他公司、企业间的合作比较紧密。企业信赖学校的学生质量，和学校签订长期协议，提供实习岗位。本科生每年都会安排 2 ~ 3 个月的全职实习。到毕业的时候，一般学生都经历过两三个岗位的实践锻炼，积累了一定的工作经验，就业的时候更容易得到公司的欣赏和青睐。

（二）法国高等商科教育发展经验对我国高等商科教育教学改革的启示

1. 开发专业特色

要培养有特色有创造力的商科优秀人才，学校首先就得在专业设置、课程安排、教学模式等方面培育自己的特色。地方性商科院校应立足于本地区经济社会发展的情况和需求，根据自身的师资条件、教学条件、生源条件，有针对性地设置商科专业和课程，避免院校间互相模仿的雷同现象，争取使专业特色最终转化为学生的个性特色。

2. 尝试更为灵活的教学方法

灵敏的反应度、创造性的思维，是新时期复合型商科人才必须具备的素质。为了实现这样的培养目标，我国的高等商科教育应摆脱长期以来固有的教师单

27

向传授的单一、死板的授课模式。学生被动地接受知识，容易形成消极的学习态度。这对学生个性发展是极为不利的。高等商科教育在教学活动中应当重视培养学生的发散思维、从多层面多角度分析问题、尝试采取多种不同方法解决问题的能力。同时可以利用多媒体等现代化教学手段，教学生学会使用和掌握一些新兴工具，将知识的传授和能力的训练结合起来，从而更好地满足新时期复杂经济形势对高等商科人才素质的要求。

3. 要注重培养学生的社会能力

商科专业的学生毕业后将从事企业经营管理，直接参与到经济社会发展过程中。这就要求商科人才具备较强的社会能力，如社会交往能力、组织协调能力、团队合作精神、语言文字表达能力等。这种能力是没法在短时间能训练出来的，所以高等商科院校应当从入学开始，在整个学习过程中，通过多种形式的教学方式，有意识地培养这方面的意识和技能。在校期间就可以利用各种手段营造职场氛围，让学生提前接受和适应，使学生从学校到社会的过渡能够较为顺利地进行。

二、德国大规模评估职业能力的商科教育

（一）德国职业能力大规模评估的背景

职业能力评估在德国早有行会职业资格考试的实践传统，通常被视为行业和企业的势力范围，但与教育资格之间的融通性不高，存在沟通障碍。世纪之交以来，该问题成为学界理论研究的热点和重点。在国际竞争压力和技术升级趋势下，各国、各级、各类资格之间横向沟通、纵向贯通成为现实压力，国家和个体对职业教育资格的融通性、透明度和效率有更丰富的要求。

1. 国家层面——模式竞争与教育治理需求

从国家层面而言，职业能力大规模评估可帮助德国有效应对欧盟一体化进程中欧洲资格框架建设的要求，提高德国双元制教育成果的透明性和可比性。2000 年欧盟提出欧洲资格框架（EQF），基于通用性等级描述沟通欧盟各国之间职业教育和培训资格，以助力相互的资格转换与融通，增加欧洲职业教育和培训领域以及劳动力市场的流动性。欧洲资格框架与以 PISA 和 TIMSS 为代表的国际学业成就之间的比较研究引发了国际国内对德语国家教学质量的反思，也冲击了德国此前多关注教育投入变量的质量保障理念，德国开始更加关注产出导向的管理，即欧洲资格框架中的学习结果。比如德国越来越多的州试图将学生的离校考试成绩作为产出导向的指标纳入教育管理标准，以能力为导向制

定教育教学标准。教育系统对职业能力进行标准化评估，获得可标准化和可视化的结果，为教育政策和教学管理提供指导，成为一种趋势。职业能力测试结果可以提供职业教育质量的有效数据，有助于优化学校人才培养方案和教学设计，并进而为教育监管和政策制定提供数据基础，有助于客观评价教育体系的效率，以克服教育资源分配不公和缩小地区之间差异。

2. 个体层面——可持续发展与社会融入需求

从个体角度而言，职业能力大规模评估能够有效促进个体发展。其一，通过评估诊断个体的学习状况和学习问题，确认其能力发展阶段，及时形成反馈，帮助学生和教师监控、调整、优化个体学习进度，为学生个体的个性化发展提供支持。其二，可促进职教与普教资格的等值，以进一步简化其向高教资格的进入，支持其终身学习，促进其生涯发展。其三，促进低资格和无资格者向行会职业资格的转换，即促进其社会融入。行会职业资格作为具有较高劳动市场价值的职业资格，全日制助理类职业资格以及非正式、非官方教育经历，以及无资格的在职人员都有向行会职业资格融通的现实需求。虽然该换算早在 2005年的职教法修订中已获得法律许可，但相关工作推进仍存在困难，其中有效的职业能力评估方案的缺乏是一个重要因素。这一社会融入效应会提高教育资源的利用效率、减少重复学习、缩短教育年限，德国学徒平均年龄比奥地利和瑞士高出 3 ~ 4 岁。

综上，职业能力的大规模评估有利于促进职业教育学校系统的质量透明度，帮助年轻人应对全球化劳动市场和技术变迁的挑战，有利于德国提升本国职业教育资格的透明度、吸引力、持续改善职业教育质量，促进资格融通体系的建设，促进欧洲一体化进程中国家竞争力的提升，因而成为 21 世纪以来的研究重点。

（二）德国职业能力大规模评估的关键挑战

职业能力评估的关键在于能否有效捕捉职业能力的复杂结构，涉及以下几个技术难点：一是如何从职业行动能力理念向可实证的领域特定职业能力转换；二是如何通过可观察的表面行为捕捉抽象的能力结构。具体表现为以下几个问题：能力的构成维度是什么，是否存在相互影响？能力的水平层次是什么？个体能够达到的能力水平如何评估？能力获得和发展的影响因素是什么？其出发点是知道需要测试什么知识、技能或者其他特征，……然后要考虑哪些行为或者表现能够揭示这些特征？哪些任务和情境能够引发这些行为？

1. 职业能力——从规范性概念到循证型方案

20 世纪 70 年代以来，德国职业教育加强了科学化内涵建设，职业教育目标从强调单一的职业实践能力转向综合性能力。继关键资格概念之后，职业行动能力成为 20 世纪 90 年代以来引领职业教育发展的重要纲领性目标。1996 年，德国各州文化部长联席委员会（Kultus Minister Konferenz，KMK）首次将行动能力定义为学校职业教育的主要目标，并于 2005 年在《职业教育法》修订中将其确立为职业教育的根本目标。所谓职业行动能力是指综合应用有关的知识、技能和能力，以解决典型职业问题和应对典型职业情境，是"个体在社会、职业、个人生活情境中有能力并且有意愿，恰当、深思熟虑地采取负责任的行动"，包括专业 / 方法能力、社会能力、自我能力三个方面。其中专业 / 方法能力是指个体在特定情境中，借助已掌握的策略和方法，采取恰当行动的能力；社会能力指个体具有社会洞察力和社会交往能力；自我能力则指向个体的道德洞见能力。

德国学界就职业能力的多维性和复杂特质早已达成共识。韦内特（Weinert）在 PISA 前期研究报告中即指出了能力的多维性和情境性，强调必须根据预期的应用情境来界定能力，因此能力评估必然需要深入到专业领域的教学研究。同时他指出能力的发展取决于技能、知识、理解、行动、经验和动机等多个方面，是一个复杂的能力综合体。首先，能力包含一般化的认知倾向，特定情境中的认知倾向以及个人动机、行动能力、元认知能力和关键能力的含义，是认知和情感等多种心智资源的交互产出，具体来说，其包含认知因素（知识、技能）和非认知因素（动机、兴趣）。其次，能力被视为仅存在于特定情境中，与特定的任务要求相联系，能力的获得和发展是以特定情境和任务中的经验积累为前提。第三，能力具有内部结构。能力的结构通常是以达到某种程度的要求为导向，主要根据情境内容、相关任务及其要求来确定能力、子能力及其相互连结的关系和结构。其中，确定领域范围中的专业性是关键问题。理论上，一般认知能力，如问题解决、反思、自省、自控能力等是跨领域的，指导着个体在情境中的综合考虑和任务执行；而专业领域能力则提供解决问题的专业知识和技能。

问题是，如何识别和捕捉这个复杂的能力综合体？经验性操作方案中，采用了职业行动能力是"领域情境中的认知表现倾向"这一操作性概念。认知、情感、动机同时对特定情境中的行为表现产生作用，相应的能力评估因而必须基于对这些情境的需求和变化进行分析。而随着情境的变化，这些因素也会产生相应的变化，即动态的能力概念（Competence Profile），表现在行为中或者导致行为产生的一系列心智资源。为了捕捉这种动态能力，基于操作性和准确性的原因，当前经验研究选择更关注情境中的认知倾向，观察和评估复杂情境任务中的反应行为，即基于"认知能力观"（Cognitive Competence）将职业行动能力从职业教育的愿景落实为基于科学证据支持的测评模型。所谓认知能力观是将能力理解为心理表征和认知结构，强调能力的特征由认知结构和规则来表现，即个人解决特定问题的认知能力，以及在不同情况下结合动机和社会能力来实施解决方案的能力。

其逻辑挑战在于：如果"认知能力"能够在现实世界中表现为可观察到的行为，那么这一过程是如何发生的，布鲁克从整合的能力视角出发构建了从心智倾向到行为表现的过程机制，试图解释这一过程。对特定工作/任务情境的知觉、理解与决策一起，作为领域特定技能，在个体心智倾向（认知倾向和情感动机倾向）和可观测的行为表现之间起到中介调节作用。

2. 职业能力的捕捉——情境、要素与层级

基于"情境中的认知表现"这一职业能力观念，循证的测试设计（Evidence-centred Assessment Design，ECD）成为德国能力评估的主流工具。

（1）情境。

普通教育与职业教育能力评估在起点上具有根本性差异：普通教育能力评估的起点是学习科目，将学科内容嵌入测试任务，是对内容进行情境化的过程；而职业能力评估的起点是职业行动领域与问题情境，从情境出发确认相关内容及知识，是将情境进行内容化的过程。

知识导向、孤立和去情境的标准化测试无法满足职业能力测试的情境化要求，难以捕捉职业能力的结构。为应对这个问题，德国商科能力测试项目ASCOT借鉴圣嘉伦（St.Galler）管理模型开发了仿真的ALUSIM企业环境和业务流程，将所有测试任务嵌入真实环境，这一流程具体包括：选择一家具有代表性的（现实世界的）公司；构建该公司的模型（公司历史、资产负债表、产品选择、整合生产规模和生产成本）；基于典型业务案例和增值流程进行教学建模（考虑现实工作场所中的'交互'流程和需求的复杂性）；模拟不同行动方案；期权估价和决策。

（2）要素。

能力要素指的是能力的内容构成，即在特定情境中可以或应该分别记录哪些子维度。其起点是现有的理论模型和培养目标。以PISA项目中能力结构模型为例，2000年PISA阅读能力结构包含检索信息、文本解释能力、反思与评价；

2003 年 PISA 数学能力结构则由四个维度构成：数量、不确定性和数据、变化与关系、空间与图形；2003 年 PISA 问题解决能力结构设计为：决策、系统性的分析与评价、错误诊断。职业能力结构模型则要对职业行动领域的典型任务展开分析，必须以大量的前期调研为基础，才能真实反映典型工作领域的要求。商科职业能力规模测试项目（VET-LSA）中，基于企业的增值和业务流程管理，明确了将销售流程、采购流程、工作准备三大工作情境作为测试内容领域，结果表明对基于理解和行动的商科职业能力结构把握准确。

能力结构要素模型使用的分析程序和标准与一般的人格结构和智力结构评估一致。首先通过因子分析对能力结构进行探索性研究，将相互之间高度相关的评估值组合为一个维度，并对其进行解释，从而捕捉"相同"的特征，然后通过结构方程模型对理论预设的先验能力结构进行检验。

（3）层级。

能力具有递进、层次和连续的特点。能力层次的基础是知识获取过程中从低水平到高水平的连续统一性，而个体的能力水平，正如个体在测试期间的行为表现，事实上是这一连续统一体上的某个点。这一理念在 PISA 中得到认可和实践。然而这一特点也导致了评估实践中的困难，即维度与水平的划分：能力实体作为从低水平到高水平连续的多维体，个体的能力结构是否可能包含某个维度上的较低水平和另一个维度上的较高水平，如果是，那么较低维度的能力与较高维度的能力能否相互补充？个体拥有什么样的能力结构才算是"有能力"，能力发展或者能力变化的特征应该如何描述？是从一般、基本到专业，还是从新手到专家式的质量变化。

这一系列问题本质上指向能力层次建构中的阈值设定。经验研究中采取的不是确定性建模而是概率建模思路。这意味着只需"确认"学生能够解决该层次相应的任务，就可以将其归到这一层次。目前，普遍将 0.65 的概率定义为阈值。德国商科职业能力评估采用了测前设计方法（ad-hoc）——预先设计测试任务难度特征，即基于理论论证、先验地对测试试题尤其是其难度进行逐层级的特征描述。根据任务特征划分任务的难易程度（未考虑个体差异），提供能力特征和结构信息，进行数据验证，从（专业／领域）教学的角度解释能力水平和任务难度。这对于学校教学、教师培养具有实际指导意义。而传统测后分析方法是基于经典概率测试理论或项目反应理论建构的能力层次模型。能力等级之间的阈值是根据群体能力水平的比例和任务正确回答率来进行回顾性的设定（因此称之为测后分析），只有在获得相当规模的经验性数据后才能形成能力水平层级。

（三）德国商科职业能力大规模评估

1. 商科职业能力的结构

商科职业能力评估模型的建构中，出于大规模测试的需要，在性质上仍偏重认知因素即知识与技能的评估；在内容维度上则要考虑其与经济素养的区别，以及职业领域的领域相关和领域特定能力。

（1）领域外：经济素养和商科职业能力。

经济素养（Economic Literacy）是人们对经济学知识的掌握、对经济现象和规律的理解，以及实际运用的程度和水平。其被视为个人参与经济活动和社会生活的基础，是德国普通教育的重要组成部分。其与商科职业能力都涉及经济和商业理论、概念和核心术语，但两者的应用情境和培养目标均存在差异。商科职业能力针对职业活动领域中的典型工作情境，包括工作过程和产品、工具、技术、交互方式等，服务于具体的行动，是执行商业活动和解决创业问题的复杂能力，如处理消费者订单、就不同报价做出决策、计算仓库成本、制定运输计划或评估营销策略。而经济素养则面向日常生活情境，服务于经济理解和决策。两种能力的教育意图也不同：商科职业教育是从数量和质量上保障个体参与社会劳动分工，是职业教育；而经济素养教育属于普通教育，关注一般意义上的个体能力发展，包括理解社会经济规律、独立判断经济政策和战略、行使经济民主权利和义务、作为消费者充分理解商业和个人财务信息。

两者之间的联系与区别现已成为商科职业能力模型建构的关注重点。有研究显示，两者之间相互独立并存在中等相关性，但经济素养是否会对商科职业能力产生因果影响仍不明确。

（2）领域内：领域相关能力和领域特定能力。

领域相关能力（Domain-linked Competence）是解决职业或专业问题的一般性能力，也被认为与关键能力概念接近。其被视为培养领域特定能力的肥沃土壤，也是职业领域本身的重要组成部分。其不同于数学能力、阅读能力以及自我调节能力等一般素养，而是指向一个非常有限的、与职业领域密切相关的区域，也称为商业素养，是与经济领域相关的计算能力和读写能力以及信息技术能力。

领域特定能力（Domain-specific Competence）则聚焦于特定工作岗位、职业以及行业企业的特定规则，是职业教育的重要目标，也称为业务流程能力，是完成该领域任务必备的专业能力，多体现为生产计划、采购、市场营销、销售四个典型的具体领域。

一方面,商科领域相关能力对其领域特定能力的发展具有很强的预测力;另一方面,不同职业的领域特定能力确实表现出明显差异,比如,工业企业商务学徒的商业素养能力表现优于物流服务职员,其物流领域职业能力则明显弱于物流职业学徒。

2. 商科职业能力的结构层级

商科职业能力的层级划分是大型测试的一个设计关键,实践中多采用德雷夫斯新手——专家能力发展阶段模型,确定了四个层级及其水平阈值。以"汉堡职业学校学生学习状况、动机和态度研究"项目为例,面向办公室文员职业,涉及宏观经济、企业管理、商业法律、会计四个内容领域。

第一层级为基础业务处理能力,具体内容包括:学习者具备商科领域相关能力,如商业相关的计算和阅读能力,水平与一般素养能力接近,通常是职业培训初期的学习者。以典型商科工作任务为例,要求能针对不同客户群体(陌生客户、已知客户、价格敏感客户、价格不敏感客户)选用恰当的结算方法(折扣、现金支付、分期付款等),而第一水平层级的学习者仅能使用针对陌生客户群体的结算方法。

第二层级为领域知识应用能力,具体内容包括:学习者掌握了中等水平的商科领域特定知识,对商科领域基本规则有一定程度的内化;比如能够合理使用基础的商科知识,如折扣和返利计算、营业额和佣金比例计算等,具备了基本的商科专业知识,在某些任务情境中能够实现简单的应用。

第三层级为领域问题解决能力,具体内容包括:学习者可以在商业职业情境中程序化地应用领域特定知识和技能,具有概念性和程序性的商科知识、熟悉商品和服务贸易知识和规则、能够运用特定的算法,对任务解决进行建模。比如,他们可以根据供应商凭证确定应缴增值税额,通过比较确定最优采购方案等。

第四层级为基于信息的统筹决策能力,具体内容包括:学习者可以在复杂的决策过程中获取信息、理解情境,应用高度专业化的规则和知识做出决策。学习者对商科领域知识和规则有了更深的理解,通常能够对任务的解决进行抽象建模,充分分析和处理复杂信息、多步骤计算。比如根据年初和年末的资产和负债金额确定企业的利润或损失。该研究 877 名被试商科学徒中,仅 5 名达到第四层级。

其他测评结果间接证明了职业教育对职业能力增长的有效性及其层级发展特征:集中在第一层次能力(领域相关素养能力)水平的通常是参加商科职业

培训 3 个月的初学者，而能力水平的增加与学习时间的增加有相关性。

三、美国以实践为向导的商科院校创新创业教育——以巴布森学院为例

（一）巴布森学院创业教育生态整体构建与实施

美国巴布森学院创业教育实践成果启示我们要在思维和制度上整体构建大学创业教育生态环境，创新创业教育理论与实践路径，从而真正促进我国商科院校创业教育生态环境的良性持久发展。

1. 纵向上构建以实践为导向的课程体系

巴布森学院为进入其学校的学生提供了大学本科阶段的创业教育课程，这些课程贯穿于整个大学本科阶段，在学生的每个阶段设置符合其年龄和能力的课程，这些课程也符合创业发展的规律。具体来说，第一阶段，新生在入学后会接受通识教育，学会适应环境，学会在大学最基本的知识，这是新生的入门引导阶段。第二阶段，学生将接受实际操作和教学的课程，掌握创业的具体技巧。第三阶段，学生在培养成一定能力和技巧的基础上，深入挖掘自身的潜能，探索适合自己的创业方案，以真正培育学生创业精神和锻炼创业能力。

（1）引导融入：沙龙研讨纳入培养计划。

启迪学生思考、批判和语言表达能力是创业素质和精神的重要元素。巴布森对新生的引导融入教育非常重视，各种主题的创业沙龙研讨纳入了人才培养计划，每周一次，成为学生的必修课。沙龙研讨中学生是课堂的主角，个人表达观点的同时也在汲取来自不同国家地区和文化背景同学的想法，朋辈交流有了很好的平台。多样性、包容性、可能性慢慢融入学生的思维。在评价上，每个学生被要求对沙龙研讨会上的内容进行自我总结和反思，这极大提高了学生的思考和写作能力，为将来创业打下必备的能力基础。

（2）模拟训练：理论实践螺旋递进锻炼学生。

巴布森学院开设的各类创业课程有数十门之多，同时还为学生提供了几十个国家的100多项创业选修课程。在课程实施中理论和实践紧密结合，相互递进。例如，在大二阶段学校对学生进行《管理和创业基础课程》的教授，该门课程为期一年，并分理论实践环节螺旋递进，使学生在较为接近社会实际的环境中浸润式学习。课程将学生以10人左右为一组划分，团队作业，从创意想法讨论到市场调查、从创业机会发现到实践行动，再通过实践环节链接社会各类组织，如行业相关企业、社区组织、慈善机构等。巴布森学院注重学生将创业想

法转化为行动的重要性，注重学生实践能力的培养，由于学生在该阶段对创业过程中组织、销售、财会、信息处理等能力得到锻炼和提升，因此该课程对学生创业能力的培养起到了重要的促进作用。

（3）耦合项目：实践训练与案例指导提升学生能力。

在高年级阶段，巴布森学院侧重于增强学生的自我发展和领导能力，创业课程内容主要是实践训练和典型案例指导相结合。自我发展方面，学生通过真实的实践训练，在实践中不断提升和发展能力；另外以小组为单位提炼出三个案例向导师展示现象、问题和解决方案，过程中导师与学生进行指导讨论。案例指导方面，通过案例解决方案的展示，这个阶段学生有一次和导师一对一见面的机会，之后学生还将收到导师的反馈表。因此学生更加清晰地发展自我，提高自己的领导力和团队合作能力。

2. 横向上构建以实践为导向的各创业要素支持系统

巴布森学院除了在纵向上为学生设置不同阶段的特色创业相关课程以外，还在横向上从多方面构建创业教育支持要素，具体表现为师资团队建设、团队化创业、学校与企业机构平台合作、学校与校友合作，不断拓宽学生与外界交往的宽度，从而提升培养质量。

（1）师资队伍建设支持。

学校教育的主体是学生，根本的资源是教师队伍，巴布森的创业师资团队分专职和兼职两大类。在专职教师中分普通教师和有创业经历的教师，后者占的比例较大；兼职教师很多来自各行各业工作出色的校友、家长、研究人员和企业家。兼职教师的选拔不仅要有一定的创业或工作经验及学历要求，而且还要考察语言表达、传道授业等方面的能力。

（2）创业实践实施时间支持。

专业人才培养计划中各类课程的学习安排给创业实践环节的实施带来了较大挑战，因为与社会各要素耦合的创业实践需要相对集中的时间，这样学生及其团队才能更好浸润其中。为了解决以上问题，在时间支持上巴布森推出两条路径，一是校内课程学习只安排在周一到周四，周五由学生及学生团队自行安排如创业实践等；二是弹性学制，允许中途休学创业或提前修满学分毕业。

（3）团队化创业支持。

巴布森学院历来重视通过团队化教育与创业对学员能力的培养，无论是一年级的研讨会，还是管理与创业基础课程，甚至是后期的案例指导课程，都是以团体的形式开展，学员在学校的课程以及校外的实践以团体的形式进行，这有利于培养学生的团队意识，能够有效帮助学生认清自己在团队中的角色定位，也有助于培养学生在团队合作与创业中的领导力，为将来学员真正创业、融入团队打下基础。

（4）企业、机构、校友等资源平台支持。

学校在人才培养环节需要长期稳定的优势资源和平台支持。巴布森很好地诠释了世界上最好的商业模式是利他和合作共赢的丰富内涵。校企合作、校友合作、社区合作、机构合作，给学生在创业理论学习和实践训练提供了丰富的数据、资金、产品、市场营销等资源，同时还提供了咨询、指导、实践机会等相关服务。其次学生群体、创业人员、创业项目本身就是企业、机构、校友等组织的重要商业要素或目标市场，互惠互利编织出巴布森学院创业教育资源、平台的支持体系。

（二）对我国商科院校创业教育生态构建的启示

美国巴布森学院的诸多措施取得了卓越成效，这给予我国商科院校在构建创业教育生态方面很多的启示。在这个过程中涉及高校、师资、学生、辅助支持等要素，需要多方面协同以实践为导向的整体思维方法来统筹商科院校创业教育生态的构建。

1. 建设面向全员且耦合外部环境的实践课程库，优化创业教育生态

高校创业教育生态的形成以及发展，离不开制度的建设以及革新，而要破解当今中国高校创业教育的难题，就要抓住当今时代深层次体制改革的契机，其核心是变革存留于人们头脑中的传统观念，建设面向全员且耦合外部环境的创业实践课程就是生态构建的重要环节。就如理工科、医学、艺术学等学科在人才培养中理论、实践课程有清晰的设置，商科院校创业教育实践不能局限于孵化园的部分学生，应该立足全体学生注重创设环境中实践课程的构建。完善课程体系，改变商科院校传统课程理论实践不够系统、创业实践学生参与度较低（大部分高校仅创业孵化园学生）的特点，构建完善以实践为导向的创业教育生态，具体来说，在纵向上根据学生从大一到大四的认知能力和水平的高低梯次设置实践课程，在横向上加强学校与校友、企业、社团、家庭的合作，从总体上切实提高商科院校的创业教育水平。

2. 引进拥有创业经验导师，优化创业师资队伍

总体看来，国内的创业教育导师偏重理论方面，虽然能够为学生在学习方面提供很多合理化的建议，但是却难以带来行业选择和方向的指导，归根到底

是实践的缺乏。巴布森筛选出的有实践经验的优秀导师，不仅具备一定的学历同时还是具有行业经验的企业家、经理人或其他具有实践经验的职场人士，从而保证课堂可通过实际案例来讲述理论知识和对学生实践中的过程进行指导。加强对创业导师资质的审核与选拔，遴选具有优秀实践经验的创业导师。一方面要"引进来"，要加强高校与企业、银行等各种社会组织的交流与合作，聘请外部具有丰富实践经验的人才加入学校的专兼职导师队伍，充分吸纳社会的优秀人才。另一方面要"走出去"，要鼓励、支持和引导本校的具有较强理论背景的创业导师深入社会行业率先实践，不断提升自己的实践能力，以切实提高导师的能力，从而为学生提供更好的指导。总之，形成高效和社会双向互动的导师遴选传递机制。此外，还可以通过考核机制，如在创业教育过程中，教师业绩可以与职称评审、职务晋升衔接，以利益导向更加调动导师对创业教育的热情，调动其教学和实践积极性，这将有助于高校创业导师队伍建设，提升创业导师的整体水平。

3. 树立合作共赢意识，搭建创业教育耦合系统

学校是相对封闭的环境，在创业真实的环境中不同的行业可以跨界，人才、技术、资源等要素分离整合更是随时随地地在发生。提高人才培养质量，在相对真实的环境中培养和锻炼学生，推行浸润式创业教育模式显得尤为重要。校友资源、行业企业资源、家长资源、社会机构组织资源都是创业教育重要要素，这方面是国内高校探讨的热点、难点，更是痛点。因为始终存在着学校热、企业等其他要素冷的"两张皮"现象，追其原因是企业等的合理诉求在学校环节得不到很好的落地。这需要商科院校树立合作共赢的意识，"世界上最好的商业模式就是利他"，确保耦合系统正向收益，把融合型元素打造成为支撑人才培养的有机组成部分才是商科院校创业教育生态构建的正确路径。

4. 创业教育生态建设中重视创业精神的融入与培育

高校创业教育的深入实施，落脚点在于培养胜任社会各行各业创新创业人才，更在于培育企业家和具有创业精神的岗位工作者。在家族企业的传承发展中，创业精神是家族企业传承的核心要素，责任、勤奋是创业精神的关键内容，只有重视创业精神的教育、传承和互动才能不断优化家族企业"创业生态"，保持基业长青。在商科院校创业教育生态构建中更应该重视创业精神的融入和培育。

（1）引导学生创新创业精神。

这包括学生的创新和创业能力，提升学生在创业时的国际视野，巴布森学

院在本科教育中为学生提供了海外企业学习实习的机会，让学生有机会接触更多的成功企业，这启示我们随着中国融入世界程度的加深，中国企业不断走出去，这一方面要求更多具有国际视野能力的人才，另一方面我们的学生应该积极到本国企业在国外的分公司，或者通过高校与国外企业的合作，融入国外企业的生产运营中去，现在高校进行的各种海外游学项目，便是其中典型的例子。

（2）培养学生的社会责任感。

巴布森学院将创业实践课与社区服务相结合，学生需要在创业过程中满足80小时的服务时间并且在课程结束后将全部利润捐赠给有关机构。这样的设置一来为学生搭建发现创业想法的平台，二来通过社区服务引导学生树立服务精神与社会责任感，最后通过捐赠感受承担社会责任的满足感与成就感。这启示我们在对学生进行能力培养的同时，切记不可忽视对他们价值观的引导，只有在社会主义核心价值观的引导下，个人才能发展得更好，企业才能做大做强。

总之，通过借鉴美国巴布森学院等国外高校创业教育的成功经验，结合我国商科院校教育制度以及发展现状，以实践为导向的整体性思维方法统筹大学创业教育生态理论建设与实践创新，推动商科院校创业教育实践课程制度变革、加强创业导师队伍建设、耦合社会支持系统以及加强对学生创业精神教育，来有效促进商科院校创业教育生态建设。

第二节　商科教育的本土化探索

一、福州工商学院商学院以科学竞赛驱动应用型创新创业人才

（一）学科竞赛在商科类应用型创新创业人才培养中的重要性

1. 学科竞赛极大地推动商科类教学综合改革

"以赛促教"的教学思路和方法推进商科院校教学新模式的探索和研究，为教学改革提供新路径。依托学科竞赛，商科学生有更多的时间参与商科教学实践，提高学生解决实际问题的综合能力，学生学习兴趣被大大激发，商科教学效果也日益凸显。

2. 学科竞赛可以促进商科教师团队的建设

商科院校通过组织教师参与学科竞赛培训、指导商科类学生创新创业，促进教师全面掌握商科类应用型创新创业人才培养的要求。指导商科类学生学科竞赛的过程中，通过交流会拓宽教师的学术和专业视野，提高教师的专业水平

和实践技能，有效提高商科院校师资队伍的应用能力素质。经过学科竞赛的指导，教师在参与实践的过程中，吸收前沿商科类知识和技术，这不仅对教师提高教学水平有很大帮助，而且也会逐步明确自己的研究方向。商科院校以学科竞赛为基础获批多项商科教学成果奖，商科教科研能力逐年提高，为深化商科类应用型创新创业人才培养提供重要的外延支撑和保证。

（二）商科院校对于商科专业学科竞赛现状分析

1. 学校方面

商科院校对于商科专业学科竞赛的重视程度越来越高，以创新创业能力培养为导向，商科专业实践教学也都取得了较好的实践效果。但是以福州工商学院商学院为例，参与省、协会级别学科竞赛较多，在参与的赛事中，自身承办或组织的省级，国家级学科赛事较少。学科竞赛的举办需要软硬件的投入，不仅对竞赛场地设备，网络有要求，还对其中所用到学科软件都有着不同的要求，而且软件更新换代较快。而作为刚成立的独立学院不是国家财政经费拨款的高等院校，学院各方面的资金投入量都较大，要进行软件的不断更新换代，在当前还不能充分实现，这也是学院目前较困难之处。

2. 教师方面

作为培养学生参与学科竞赛的教师，不仅要善于引导学生，熟悉竞赛流程，还要对学科竞赛有着极高的热爱和追求，并将这种热情投入到专业教学改革中，借助自身平时指导学生参加学科竞赛及创新创业，查找专业教学过程中存在的问题，并及时调整教学内容重点难点和教学方法，提高教学效果。教师改变自己的思维模式，争取创新，对学生进行专业知识培养的同时，更加注重学生对知识吸收和实际运用过程，更好地引导学生参与到教学改革中来。学院成立初期，在经费上欠缺导致无法快速招聘到大量的高职称师资和建立完全自主的师资队伍。所以学院在很多课程的教学上尤其是商科课程上不得不依靠外校公办院校的师资，然而公办院校大多属于研究型的大学，来自这些研究型大学的教师、教授以固有的方式将知识传输出我们学院的学生，这样在一定程度上制约了独立学院商科新创业人才培养模式的构建。

3. 学生方面

学科竞赛对参与的同学的能力有着较高的要求，不仅需要具备扎实的商科理化基础，还需要具备获取信息，分析整理信息及综合应用的能力。学院在选拔赛阶段，只需有浓厚兴趣与高昂热情的学生都可加入，并设定一定名额让大

一、大二学生参与。在竞赛前期选拔及培训过程中，学生踊跃参与，大三、大四学生模拟操作策划、同行之间积极开展专业交流，在实践中不断提升专业实践与动手能力，大一、大二的学生作为助手的角色参与团队操作，积累经验，并明确自己在未来的学习中应该如何进行更深度的学习，潜移默化地夯实商科专业基础、稳步提升综合实践能力，在每年的学科竞赛中取得优异成绩的同时，也更好地将"学与赛"，"赛"与"创"进行融合，达到锻炼学生专业能力的目的。

（三）以学科竞赛为驱动的商科类应用型创新创业人才培养对策

第一，建立"以赛促学""以赛促创"的学科竞赛体系，实现学科竞赛延伸发展，驱动创新创业。学校高度重视，充分肯定学科竞赛与创新创业竞赛活动是高校人才培养的重要环节，对推动教学改革，激发学生学习兴趣，培养学生实践能力、团队合作能力、创新创业能力，促进学生全面发展具有十分重要的意义，在人才培养、专业建设、教育教学改革建设中发挥着重要作用。学校在2021年度预参加国家级省级项目将近百项，商科类占据三分之一以上，商学院每年组织师生积极参与全国大学生市场调查与分析大赛、金融投资模拟交易大赛、智慧供应链创新创业设计大赛、物流设计大赛、工商企业管理技能大赛、"挑战杯"、职业生涯规划、电子商务直播、新零售等众多学科竞赛，通过"以竞赛驱动并促进学习"，转变师生教与学风格，授课教师在课堂教学中，积极推进教育教学改革，预先设立情景仿真、情景模拟训练项目，在课堂上进行引入并实践的教学方法，探索与创新创业相辅相成的教学方法。调动学生在课堂的积极性、参与度，学生们不仅夯实自身专业的基础知识，还能够将专业课程知识融合，从全局严谨的高度思考所学专业知识，学生的灵活分析及应用能力得到提升。竞赛学习具有很强的针对性，情景模拟实际操作等问题，体验感十足，符合应用型本科大学生学习心理。学生通过竞赛项目，团队协作，互相之间磨合，不断提取经验，为创新创业活动创造灵感，日后创新创业项目可择机实施完成。

第二，依托创新创业学院，以学科竞赛为驱动，设立创新创业实验班，实现专业学科教育与创新创业的融合。我们可面对全院乃至全校阶梯式选拔学生，满足不同层次学生的需求。大致分为两阶段，第一阶段是初级的，大一、大二的学生以第三、四参与人的形式参与到学长们主持的竞赛项目中，让他们了解竞赛流程，对专业竞赛活动有初步认知，并培养他们团队协作精神，沟通问题解决问题能力。第二阶段是已有学科竞赛经验的学生中进入更深层次创新创业的精英教育，从中选拔以创业为职业目标的学生，设立创新创业班。以项目独创者或者合伙人为创业目标。在专业课程体系里加入不同专业领域的创业创新拓展课程，学生在实际演练环节中学到符合创业项目标准的课程，巩固提升相关应用理论的学习，也从中感受到成功的喜悦和失败的痛苦。以学科竞赛为驱动，学生在竞赛中获取知识的能力与培养创新精神，可在创新创业班的项目中担当更重要关键的角色，学生可以在更深层次的创业过程中寻找自身的不足和差距，能够及时在学校所设创新创业课程体系中得到提高，从而努力达成既定的创业目标，实现学科教育与创新创业的完美融合。

第三，运用经济管理综合实验教学示范中心平台软件，实现创新创业与实践平台融合。经济管理综合实验教学示范中心 2016 年起投入几百万建立商科仿真综合实训，面积达到 679 平方米，计算机终端 157 台，相关平台软件 1 套，可以容纳 157 名同学同时实训。该商科仿真综合实训至今已经成功运营 3 年，参与商科综合实训的学生数千人。该商科仿真实训平台主要是将真实的商业环境要素导入平台，该平台既能进行不同专业单个专业技能的实训，又能进行不同专业、不同领域跨界学习实训，也是一种创新实践活动。通过小竞赛使得自我价值得到体现，并发掘自身需要完善提升之处。在学生进入岗位后，能够快速上岗，使得社会、企业、个人全面收益，取得了显著的人才培养成效。经济管理综合实验教学示范中心还可以从校企合作的企业中筛选出优质的企业到该中心，企业从实训过的学生中选拔优秀或有潜质的学生进入企业，这些企业提供给学生团队创业孵化启动资金和创业平台，充分实现创新创业与实践平台的融合。

二、湖南商务职业技术学院构建商业技能培养平台

（一）商业技能人才培养平台构建的现实条件

湖南商务职业技术学院以商科为主，拥有国家级专业资源库，坚持"服务湖南现代服务业转型升级，拓展农村商贸服务，培养高素质技术技能型湘商人才"的办学定位，特别是在培养国际商务人才的过程中，重视学生综合商业技能的培养，重点培养复合性高素质技能的人才。近年来学院为提升学生实践能力，与湖南省茶叶公司等企业合作培养国际商务专业人才，校企共同承担学生教育教学，采用校内、校外结合的多元化实践教学体系，进一步以 1+X 证书制度试点工作为抓手，构建"课证融通"的课程体系，稳步推进 1+X 职业技能等级证书认证考试工作，切实做好高素质技术技能人才培养工作；致力于培养具有国际商务专业知识，具备较强的国际商务操作技能，能在外经贸行业企事业

单位从事与国际商务相关工作的应用型复合人才。

（二）商业技能人才培养平台的构建

在新商科背景下，高职商科专业学生所应具备的商业技能可以界定为学生个体本将学校课章所学的商科专业理论知识，通过产教融合——校企实训——技能比赛中获得的从商技能，以及职业道德和态度，进行类化迁移和整合，最后使得学生具备能完成一定商业任务的能力。在新商科背景下商业技能是商科学生从事某种职业的多种能力的综合。结合新商科理念对学生商业技能的新要求和高职院校商科专业目前的人才培养现状，可以搭建"新商科"为背景的"产教融合——校企合作——课赛结合"一体化商业技能培养平台。通过该平台的构建，既要培养学生通晓现代工商企业经营管理活动的广博知识与理论素养，又要培养学生形成善于发现机会、把握机遇、擅长学习、协同合作的独特商科潜质。

产教融合方面包括：湖南商务职院经济贸易学院在校企实训项目中，采用校内培训、学校和企业双导师指导教师带教、独立实训的整体思路，企业方组建了专业的企业师资团队，提供了温馨的工作环境及完善的后勤保障；经济贸易学院组建了教研室主任、骨干教师及辅导员共同参与的校内指导教师团队，负责跟进学生实训工作，注重学生商科技能与专业教育相结合。

校企合作方面包括：成立天猫全国首家新零售实训基地，创建"电子商务新零售学生→学徒→准员工→员工"四位一体的校企合作人才培养模式和新零售现代学徒制，如巴拉巴拉订单班，天猫新零售学徒班，联合企业鼓励学生自主创业，推动校企合作——产教深度融合。

课赛结合方面包括：技能竞赛在促进产教融合、校企合作和提升教学效果方面有重大作用，因此学院大力支持职业技能竞赛，湖南商务职业技术学院以高素质技术技能型"湘商"人才培养为己任，构建了一批高质量的国家级、省级教学平台和学院、省、国家级赛事体系，开成了以老带新的备赛、参赛机制。2018年以来，湖南商务职业技术学院5个二级院部共获得湖南省技能竞赛一等奖30项、二等奖39项、三等奖37项，特别2019年获得了会计技能国赛一等奖第一名。作为教育部第二批1+X证书制度试点高职院校，湖南商务职业技术学院以1+X证书制度试点工作为抓手，构建"课证融通"的课程体系，稳步推进1+X职业技能等级证书认证考试工作，2020年对专业老师进行"1+X"行业证书培训，组织学生参加了"1+X电子商务数据分析""1+X跨境电商B2B数据运营""华为1+X网络系统建设与运维"等职业技能等级证书考试，并取得优秀成绩。

（三）商业技能人才培养平台构建对策分析

1. 完善以商业技能培养为重心的人才培养方案

2020 年是新冠疫情肆虐的一年，国际政局和经济局势发生巨大变化，国内产业和行业发生重大调整，导致企业的岗位需求发生相应变化，湖南商务职业技术学院是以商科为重点的高职院校，在制定专业人才培养方案时，应根据行业和企业需求，通过大数据分析，进一步明确本校商科专业培养目标定位。以产教融合、校企合作为基础，注重专业人才培养方案与企业的需求相结合、注重校内专业老师授课与企业导师传授相结合、注重以赛促课教学模式与商业技能相结合，把培养高职商科专业学生的基本能力、专业能力和岗位就业能力提升为培养高素质复合商业技能能力，突出在特殊经济背景下，跨专业学习的商业技能从而适用复杂的国际经济形势带来的行业变革和就业压力。例如，进一步加大校内外实训实践育人基地建设，通过各种渠道进一步拓宽校企合作。

2. 改善新商科背景下数字化产教融合环境

在大数据时代，新商科理念注重跨界合作，注重跨专业融合，更注重数字化教育，因此对高职院校的教育环境也提出了更高的要求。通过校企合作培养具有新商科思维的高级专任教师队伍，加大投入对教学环境建设和双创实训基地建设，鼓励师生参加教学竞赛和技能比赛，推动特色新商科人才培养实验班建设，与企业合作共同建设大数据教育平台，搭建产教创一体的新商科培养平台。

3. 着力推进产教融合背景下高职院校新商科类专业集群化发展

湖南商务职业技术学院共设有涉及商科类、管理类、信息技术类等 5 个二级学院，拥有国家级专业资源库，拥有 3 个湖南省现代商务专业群、商贸流通专业群、现代旅游管理专业群，按照新商科的发展理念，跨界合作将会成为办学常态，在发挥湖南商务职业技术学院商科专业优势的基础上，通过各个学院二级专业之间协同育人机制作用，引导非商科类专业与商科专业"融合"，通过资源共享、人才协同培养、共建课程群、加强教师团队建设，形成专业比较优势和集群优势。

4. 优化商科专业课程体系设置

面对疫情的不断反复，针对新商科商业技能的培养特点，可以借助现有学校正在大力推广的超星学习通平台，重点建设一批专业互通的精品商科类网络课程，建立线上＋线下学习一体化平台，夯实学生的商科基础，同时引入一批非商科专业课程，如互联网、大数据、人工智能等工科、理科、技术方面的课程，通过商科与理工科、技术融入式的教育，培养非商科学生的商科综合技能。例如，电子商务专业可以引入部分商务信息技术学院的基础课程，使得学生不仅可以掌握本专业的理论知识，也可以获取互联网、大数据技术方面知识的摄取，拓宽学生知识广度。

5. 积极推进富有新商科特色的教学改革

通过把国家技能竞赛的相关内容与专业课教学相结合，在教学过程中采用赛学结合，以赛促课的教学形式，除了鼓励教师和学生积极参加湖南省及国家高职院校技能竞赛，在日常教学中也可以把第二课堂结合行业协会组织的专业竞赛融入教学体系，让所有学生都可以参与和融入进来，切实全面提高课堂教学质量和人才培养质量。有效培养学生对专业知识深度理解和运用能力，提高学生未来的就业竞争力。学院也可以鼓励老师带领学生参加世界技能大赛。并为参加世界技能大赛提供机制保障，比如积极引入湖南省本土知名企业参与到选手的选拔及训练中来，充分调动行业、企业的力量培训选手，学院和企业提供人力、物力和经费支持。

三、广东财经大学华商学院引入第三方数据分析综合评价学生的实践能力

（一）第三方质量评价对商科实践能力评价的意义

第三方评估机构具有专业资质并独立于教育系统之外，处于高校与政府之间。在"管办评分离"政策的指引下，第三方评价机构借助信息化手段为高等教育开展科学、系统的评价服务。第三方质量评价是指"民办非企业单位、社会团体、市场中介机构和事业单位等具有独立法人地位的社会第三方，使用科学的评价手段和工具，对高等教育发展做出客观公正评价"。独立自主、专业权威和公平公正通常被看作第三方评估的本质特征。第三方评价机构依据科学性、独立性、多元性、公正性等原则制订相应的评价指标体系，建立第三方评价平台，有效利用现代信息化手段，以第二方的角度收集相关数据和资料，以排行榜、报告等形式向政府、家长、学生及至整个社会公开高等教育质量。

学校将自我评估与社会评估结合起来，在"管办评"的运行机制下，委托第三方专业机构实施毕业生培养质量中期评价，特别是针对商科类专业学生经过仿真实习后在实际工作中的应用情况进行质量调查跟踪，以此帮助学校了解

实践教学与人才培养方案和培养目标契合度情况，实践教学环节设置的科学合理性、计划性，以及过程管理等实践环节质量标准的落实情况。在学校自身开展的毕业生质量跟踪评价工作的基础上，构建以学校、用人单位、毕业生为主体的三维评价体系，全面、客观、持续地对毕业生质量进行分析评价，有助于进一步关注毕业生在其工作岗位当中展现的诸多能力，特别是学生综合实践能力，对于实现学生能力的精准培养有显著价值。

高校运用第三方机构数据进行教学质量评价有助于教育教学透明化，使教育教学活动能够受到大众的监督，从而得到客观认识，将高校教育教学实践水平提升到一定的高度。对于民办高校管理者来说，在积极服务于区域经济发展的同时，检验所培养人才为行业建设发展的贡献度以及与社会需求的契合度，有助于民办高校不断改革创新，调整专业布局和人才培养方案，源源不断地为社会输出应用型人才。第三方数据评价公司基于各高校教育办学特点，提供专业化的服务，根据评价主题，负责项目问卷内容设计、问卷跟踪调查、回收数据的清理、对数据进行总体分析等工作，最后形成可行性报告。在实施过程中，具有以下特点：一是以全校各专业反馈的数据为基础，进行科学性实证分析；二是以本校毕业生为跟踪调查对象，以服务区域经济和满足社会需求为准绳，来评价所在高校人才培养输出质量并根据数据分析结果提出建设性的意见，即以学生为本位、以结果为导向的高校管理模式；三是评价方聘请高等教育系统外具有资质和权威的专业机构，体现第三方的公信力和客观性；四是运用数字信息技术，结合专业评价体系和研究方法，以及微信、邮箱等信息化平台进行跟踪评价与数据处理运算，形成最终报告结果，并对相关的各指标的计算和内涵指标进行解读，对数据和指标的科学性、客观性进行持续改进。通过对不同时期的毕业生发展状况进行跟踪，同类民办院校可以更好地检验在人才培养过程中出现的问题和不足，从而准确掌握毕业生培养目标的达成情况，为教学改革、人才培养等工作提供有效举证。

（二）第三方数据分析下商科学生实践能力培养质量跟踪评价

为更好地了解学生培养情况，更新教学观念，提升教学质量，学校聘请第三方数据有限公司开展毕业生中期质量跟踪调查，从培养目标达成、培养过程、创新创业情况、优秀毕业生影响因素、声誉建设等多方面开展调研，形成培养质量的跟踪评价。特别针对经管类商科专业（包含市场营销、物流管理、人力资源管理、会计学、财务管理、国际商务、国际经济与贸易、信息管理与信息系统）的毕业生在以综合实践能力为培养核心的虚实融合平台中的实习质量，进行了重点跟踪调查与评价。

1. 毕业生对仿真平台的评价

本次评价指标主要从团队协作能力、人际交往沟通能力、抗压能力、专业实践能力、对现有工作的帮助五项进行评价。调查问卷采用了广泛应用的四级制评分等级量表，设有非常同意、同意、基本同意、不同意四种等级量化指标。调研数据表明：本校 2017 届毕业生对校内仿真实习各方面的评价学生数占比均在 80% 以上，其中，91% 的毕业生认为"团队合作协作能力在仿真实习中得到了很大的提升"，89% 的毕业生认为"人际交往沟通能力在仿真实习中得到了很大的提升"，86% 的学生认为"抗压能力在仿真实习中得到了很大的提升"，85% 的毕业生认为"专业实践能力在仿真实习中得到了很大的提升"，83% 的毕业生认为"仿真实习对我现在及今后的工作有很不错的帮助"。

2. 仿真实习对学生工作能力的影响

为有效了解校内仿真平台的实习内容、形式和教学要求，针对毕业生步入社会后所认为能力、素质、心态有所欠缺的方面，从学生期望、质量感知、学生满意度角度设计了相关问题。数据表明：2017 届毕业生在毕业中期认为仿真实习对过程中对适应工作有帮助的能力反馈主要集中在沟通交流能力、团队合作能力、组织协调能力、抗压能力、适应能力、专业知识、应变能力、解决问题能力、独立思考能力、管理能力十个方面；在步入社会后，毕业生认为能力、素质、心态有所欠缺的方面，主要是专业知识、抗压能力、沟通能力、学习能力、心态调整等。

3. 毕业生对校内仿真综合实习平台实践的改进建议

为了有效了解毕业生对校内仿真综合实习平台实践的改进建议，调查人员从学生期望、质量感知、感知价值角度设计了以下 6 类相关问题。

数据表明：65.08% 的毕业生认为提升仿真实习环境的挑战度有助于提高校内仿真实习对学生的帮助，80.05% 的毕业生认为提升仿真实习环境的仿真度有助于提高校内仿真实习对学生的帮助，75.96% 的毕业生认为增加校外导师的指导有助于提高校内仿真实习对学生的帮助，82.57% 的毕业生认为增加职场管理与沟通的培训课程有助于提高校内仿真实习对学生的帮助，仅有 15.41% 的毕业生认为增加实习时长能提高仿真实习的效用。由此可以看出，学生对仿真实习平台的效用有着更高的期待值，普遍认为仿真平台应具有更大的发挥空间并创造更多的价值，但不太认同通过增加实习时长的方式来增强仿真实习的效用。

为进一步了解学生对校内仿真平台综合实习平台实践过程中需要加强和改进的具体建议，调查者在问卷中设置了开放性选项，对回答进行了收集整理。笔者了解到，广东财经大学2017届毕业生对校内仿真综合实习平台实践的改进建议词频主要集中在增加实践活动、贴合实际、提前或增加实训时间、增加案例分析等方面，如加强专业知识考核，提高仿真真实度，提高仿真实习难度和结业要求，多增加其他行业（工业、服务业等）、不同公司性质（个体户、小规模、一般纳税人、集团等）的实操学习机会，增加税务办理、工商办理的课程，提供一些企业真正有可能遇到的问题去应对，通过联系最新热点调动学生的兴趣，在课题中植入契合当前经济环境的情况等。同时，毕业生认为仿真实习在各司其职的情况下，最重要的是锻炼团队合作能力以及遇到问题时的心态调整能力，挖掘自己热爱的行业以及对想要达到的状态的独立思考也很重要。

毕业生对仿真实习的体系设置也提出相应的建议，主要归类为以下三点。一是紧贴现代经济企业理论前沿，根据企业实际情况，与时俱进，增加贴合企业运作的演练；二是扩大演练范围，打破局限，增加其他专业融合，结合现代企业管理软件，适时更新应用软件，提升信息化管理软件在平台的应用功能；三是在仿真实习前，希望分享优秀学生成功案例，提高学生就业能力。

四、北京联合大学商务学院构建新商科数据思维与量化能力培养体系

（一）数据思维与量化分析能力

数据是数字经济的血液。未来，随着企业、机构、政府等对数据资源的开发利用水平不断提高，以数据驱动的新产品设计等服务创新将不断涌现。利用数据提高精准程度，如肿瘤检测企业利用大数据分析致癌原因，实现对患者的精准医疗；利用数据优化资源配置，如 ZARA 以数据为核心打造极速供应链系统，对每天每个店铺每个款型的销售了如指掌，很容易预测下一季的爆款产品；利用数据为企业赋能，如阿里巴巴推出生意参谋、阿里指数等一系列数据产品，帮助韩都衣舍、三只松鼠、良品铺子等众多商家提升运营效率和获客能力。随着数字经济的发展，商科人才的数据思维得到了高度空前的重视和推崇，甚至被有些人誉为未来"企业管理的第一思维"。

数据思维强调对事物的判断或者决策应该依赖反映客观世界的数据而不是经验或主观臆断。而数字化数据能够为决策判断提供更多的细节和更深的规律性，一般来说能够帮助决策者加强对事物的认知，从而做出更为科学和准确的决策。随着数字经济的发展，人们拥有的数字化数据越来越多，"大数据"彻

底改变了以往决策过程中数据成本过高的困境，甚至由于企业运营建构在数字化基础设施上，大数据成为企业运营的实时数字化映象，这个时候利用数据科学进行数据分析实现商业决策，既是必要的，也是必须的。大数据时代，如何深度挖掘数据的商业价值，进而重构基于数字化运营的商业逻辑和商业模式，成为新时代商科人才的核心能力之一。

（二）数据分析能力培养体系构建

鉴于数据分析能力的重要性，商学院需要通过建构产教融合、校企合作的教学体系，搭建行之有效的实践平台，组建与时俱进的教师队伍，探索出形式多样、实践价值强、丰富多彩的教学模式，让学生掌握扎实的量化分析方法和工具，提升学生量化分析能力、数据思维创新能力，塑造新的商业实战竞争力。

1. 指导思想

整个体系将整合 Python 数据分析实践、统计学基础、商业数据思维与实战、互联网金融、区块链通证经济等系列课程，形成"课程—科研—竞赛—实习—就业"高度协同、逐步递进、产教融合的模式。以数据思维训练为重点，以创新性实践为路径，以优化培养方案为依托，构建商科人才量化分析能力培养体系，突出"启迪创新意识、训练数据思维、注重实践价值"的培养特色，为高校新商科教育改革提供模式、经验。

2. 重点内容

第一，基于 OBE 理念，开发量化分析能力培养准则。新商科量化分析能力的培养体系，将从培养人才的个人价值观、知识能力、内生动态能力和外生动态能力等层次进行构建。新商科量化分析所应具备的思维、理念、新知识、新方法将深度融入传统知识和方法体系之中；同时，也将良好的表达能力、团队合作能力、社会实践能力、学习能力、创新意识等商科人才必不可少的基本素质纳入培养体系中。以 OBE 理念为宗旨，通过与企业合作开发数据思维与量化分析能力的培养准则、测量标准和实施方案，开展独立于教学主体之外的第三方学生能力培养成效评测。并与企业实际需求、社会普通评测相对比，反馈人才培养改善的实际效果。

第二，应用知识建构理论，完善渐进式能力培养课程体系。在构筑新商科数据思维和量化分析能力的过程中，学生不仅要掌握量化分析之"道"——策略、方法（数据分析思路），也要熟练掌握量化分析之"术"——分析工具的使用。此外，还需要具备一定的专业领域知识，了解企业产品和运营活动的业务逻辑及设计思路，运用量化分析结论驱动业务增长，实现数据分析价值和业务价值的统一。在具体课程体系中，以"数据技术—数据科学—数据分析—数据应用—数据决策"核心逻辑，统领 Python 数据分析实践、统计学、数据科学导论、商业数据思维与实战、电子商务、区块链通证经济、互联网金融、互联网＋会计、金融投资与量化交易等课程的内容及其教学，沿思维—技术—应用场景构成"思维养成、技术识得、能力提升"的培养路径。

第三，运用系统论的思想，深化产教融合，共建人才培养新模式。商科人才培养理念。培养模式的优化和创新是不可抗拒的潮流。新商科必须以社会服务为载体，在重视商业新思维训练的基础上，积极与业界沟通交流，加强企业实践，以满足师生对新商业快速发展的认知及理解需求。面对社会需求变化的快速化与多样化，应积极开展校企合作，从企业真实案例进课堂到学生实习实践进企业，形成双向深度融合的人才培养模式。具体实施过程中，可从以下三个层次构建多样化实践路径。

第一层次是夯实理论教学中的实践环节。数据思维与量化分析能力的培养，需要时刻体现其较强的实践性，实践教学理念应贯穿于教学的全过程和每一个教学环节。直接融入理论教学的实践性教学方式是最基础的环节。

首先，在理论教学实践中。充分利用学校大数据商务应用与创新研究中心、城市服务大数据平台实验室、新零售联合开放实验室、创新创业孵化基地等，积极进行实验内容和实验模式的创新。

其次，拓展学生在数据分析方面的科研实践训练。鼓励学生参加各种学科竞赛及学术研究项目，如启明星、挑战杯、企业竞争模拟大赛、市场调查大赛、商务智能大赛等，鼓励学生撰写项目分析报告，并将优秀报告集结公开出版。

再次，强化第二课堂教学。通过学生论坛、社会调研和社会实践等多种形式，提高学生的数据分析能力和实践能力。

第二层次是加强与企业产学研深度合作。开展深度产教融合，推动教学内容、课程体系、教学方法的改革，是提升新商科人才培养质量的重要途径。除加强建设数据分析人才培养校外实践基地外，还要进一步加强与企业的合作，如录制课程视频、合作开发教学案例、出版产学合作教材、行业企业专家进课堂以及教师担任企业顾问、师生参与企业项目、设立企业奖学金资助学生等，建设"学生、教师、行业专家"多元深度互动的培养模式，实现师生的实战训练和技术水平实时更新与提高。通过上述实践路径，可以具象为一个形式多元、内容丰富、手段多样、结构完整的数据分析实践教学体系。

第三层次是实施"大数据分析训练营"计划。在培养学生数据思维与量化分析能力的过程中，教学团队与北京久其软件公司、德昂信息技术有限公司等重点打造"商业大数据分析训练营"，共建实训平台。通过训练营，让学生感受到真实的产业环境，能清晰定义业务问题，学会利用数据分析思维开展业务分析，让数据产生可被产品化的商业价值、形成可落地、可执行的方案。校企联合共建训练营，不仅可以快速提升学生数据思维和量化分析实战能力，而且也可以积累成功的案例与经验。

第四，推动课堂创新，打造卓越能力。围绕如何充分体现新商科数据思维和量化分析的实践能力这一教育目标，学院对理论教学的组织形式、讲授方法、传授手段等进行改革与创新，确立"项目引领、任务驱动"的授课教学模式。以案例教学、任务驱动和研究性学习为核心，系统改进教学方法，促进教师导学与学生自主研学相结合，充分发挥学生主体作用。在授课过程中，教师积极利用新的教学平台、智能化的教学工具、教学分析工具开展教学，同时探索课程在产教融合平台下的教学新模式、新方法。例如，充分利用城市服务大数据平台实验室、新零售联合开放实验室，搭建一个企业数字化运营的体验环境，形成场景化的教学环境。

（三）培养体系重点解决的问题和创新性

"智慧赋能"是"新商科"人才培养模式的重要特征。但是，当前教学中普遍存在着缺少智能平台和系统化训练、缺少数字经济实践感知、难以量化评测培养效果等问题。该体系通过"三创"（创立、创优、创新）设计实现了教学创新，提升了人才培养质量。

1. 创立一体化数据思维和量化分析学习体系

依据基础课、专业基础课、专业选修课的层次，设计递进式数据思维和量化分析课程系列；秉承产教深度融合理念，构建分析技术、数据思维、数据伦理等案例教学场景，对新商科数据分析人员的创新意识、数据思维、创新人格等方面进行系列培养，探索"思维养成、技术识得、能力提升"的培养路径，在实战中获取培养成果。

2. 创优人才培养模式与资源体系

学院从深度和广度上推动产教融合，实现"案例化、情景化、实战化"，"学生、教师、行业专家"多元深度互动的人才培养新模式。全方位建设教学平台、资源、师资、渠道和社会影响力，真正实现校内外资源融合共建。学生在早期课堂上即介入企业实际案例，以实践引领理论学习，最终进入企业实习实践，检验学习成果。形成人才培养良性循环，促进产学研深度合作，为培养实践师资创造条件。

3. 创新数据分析能力培养的独立检测

学院突破"考教不分离、教什么考什么"的课程考核方式，以 OBE 理念为引领联合行业领军企业共同研究商务数据分析人才的培养准则、评价标准和评测方案，构建基于定量评测的品质保障体系和改进策略，并与企业实践、同类院校比较分析，形成人才培养目标达成的闭环反馈机制，促进能力培养有效性。

（四）培养效果

学院长期重视商科人才数据分析能力教学与研究，拥有丰富的教学资源和研究基础。2018 年以来，先后开设了若干数据分析相关课程，并在 2019 版培养方案中正式确立了数据思维和量化分析能力的重要地位，设计了包含理论课、实践课、专业课、选修课等多类型课程相互融合、互为支撑、产学协同的课程系列，初步形成了"新商科"数据思维与量化分析能力培养框架。已开设数据科学导论、数据库应用实践、大数据挖掘系统分析与设计实践、Python 数据分析实践、商业数据思维与实战等课程，部分课程已建设在线开放课程。建立了京东产教融合中心、北京时尚控股集团、美中宜和、久其软件有限公司、德昂信息技术有限公司、中科院计算机研究所等十多家企业、院所"大数据商科创新应用"实习实践基地。拥有多个实践平台，如大数据商务应用与创新研究中心、城市服务大数据平台实验室、新零售联合开放示范实验室，建成了"MSTR+SPSS+MPP"一体化数据分析能力培养平台，提供了良好的校内实践环境。教学团队广泛开展新时尚、新零售、新金融、新交通、新康养等领域大数据商业价值。

1. 新商科人才数据分析能力及综合素质得到提升

学院在人才培养中，始终坚持立德树人，不仅教给学生如何做学问，而且也教育学生如何做人、做事，实现"既要成才，更要成人"。一方面，提升学生数据思维能力，让学生掌握数据分析的基本流程和关键分析方法，具备较强的商业实战能力；另一方面，注重培养学生的人文社会科学素养、社会责任感，使学生能够在实践中理解并遵守职业道德和规范，从做人、做事的层面去修养人生和理解社会，践行社会主义核心价值观。积极发挥 AACSB 认证育人的功能，提升学生的创新精神和创新意识，引导学生进一步开拓国际视野，最终提升学生的综合素质。形成的"启迪创新意识、训练数据思维、注重实践价值"的培养特色，可以为高校商科教育改革提供模式、经验。

2. 特色课程及实践教学支撑体系得以构建

学院以校内实践基地与平台、校外实践基地等为支撑，深化产教融合，形成双向深度融合的人才培养模式。打破专业及学科界限，以知识点之间内在联系和操作技能为单元整体遴选专业知识和实践教学内容，构建"思维—技术—应用场景"式渐进能力培养课程体系及实践教学支撑体系，凸显"实践育人"。

3. 教师的教学水平和教学质量得以提高

学院采用"引进来和走出去"相结合的方式，充分发挥特聘教授、教学名师、企业导师等的传帮带作用，建设了一支结构合理、业务素质高、创新能力强的师资队伍。一方面，强化教师的专业水平、提升实践能力；另一方面，促使教师在校企合作的过程中，不断改革创新教学组织形式、讲授方法、教学手段，大大提高教师的教学水平和教学质量，科研成果稳步增加。

4. 相关成果得到推广，成果受益面不断拓展

学院创建和汇集优质教育资源，积极推进成果的广泛应用以及资源的共享。例如，在线开放课程的建设，校企合作撰写新教材，建设以企业实际数据为基础的多行业数据集、案例库和试题库，开发典型案例等，与行业协会、企业加强理论与实践层面的合作，进一步拓展受益面。

5. 社会影响力得到持续提升

通过以上全方面努力，树立了学院"综合素质高、创新意识强、实践能力突出"的形象，学生得到企事业用人单位和兄弟院校的好评，与企业、行业协会的合作更为密切，进一步提升了社会影响力。

第三节　商科教育的多科融合

一、商科教育多科融合的背景

商科教育已成为国内高等教育体系中最具发展潜力的领域之一。但是，在当前环境条件下，传统的商科教育模式已无法满足新人才培养的需求，多科融合的商科教育，成为具有现实价值和长远意义的选择模式。

经济的重大变革给高等商科教育带来了巨大的影响。首先，高等商科教育

培养新的管理理念和商业理念。其次,高等商科教育为经济建设造就懂经济、善经营、会管理的商务管理人才。经济发展的现实对高等商科人才提出了越来越迫切的需求,也对培养高等商科人才的商科教育质量提出了更高的标准。高等商科教育在为市场经济造就人才时应注重两方面培养。一是根据现有市场进行商科缺乏人才培养,二是预测未来市场进行商科前瞻人才培养。随着市场化程度的提高,前瞻人才培养的重要性会越来越突出。

我们要正视商科专业内涵的扩大化问题。商科专业应该包含有关商业以及设计商业行为的各种应用型学科专业。商科教育的多科融合,不仅涉及商科专业种类的组合,更涉及大学整个学科专业的组合过程。

二、商科与其他学科的融科

(一)实现商科与经济学科、管理学科的有机融合

经济学是商学的重要理论基础,西方国家的高等商科教育是在经济学科教学的基础上产生的。商科与经济学科的关系,经历了三个阶段:经济学胚胎阶段,经济学与商学混合阶段,以及经济学与商学分立阶段。目前,在经济学院之外独立设置商学院,是中外高校建制的普遍形式。但是,分立并不意味着彼此割裂。经济学科所研究的经济形态、体制、运行、发展的规律、理论和政策等,与商科主要研究的企业商务活动的运营和操作,具有密切的联系。管理学与商学的关系,是一种交叉互渗、互融的关系。商务活动的开展,必然依托于有效的管理。

因此,"Business Administration"(商务管理)的概念就产生了,商务管理既是商科概念的核心内涵之一,也是商科外延拓展的体现。与此相联系,"工商管理"作为一个学科分支得以生成,专门的"工商管理学院"、以商务管理为教研核心之一的"管理学院",成了现代大学建制的重要方面。

(二)实现商科与理、工、文、法等学科的有机融合

商科与这些学科之间,边界清晰、差异显著。但在同时,现代商务活动已经全方位融入社会活动的各方面。不仅现代商务的内容要素常常就是理工科技产品,而且其活动运行的全过程都紧密依托于科技的支撑;现代法治社会的环境中,商务活动必须依法运行;无论是历史上的徽商、晋商,还是现代的浙商等,商业文化、商业历史已经得以积淀并进一步发展;现代商务领域的新拓展,诸如文化产业,尤其是近年来日益活跃的创意文化产业,更成为现代商务的朝阳产业。在这样的背景中,商科与理、工、文、法等学科的交融互渗,共赢发展,乃是商科以及其他学科都必须正视且积极应对的问题。

第三章 商科专业建设与实践教学的现状

目前国内的高校，大多开设商科专业。高校商科经过跨越式发展，取得了很大成绩。但现状仍不容乐观，如教育教学的理念还不能完全顺应教育的发展规律、在校学生教师比失调现象较为严重、办学单位对商科投入不足等。本章分为商科专业建设的现状分析、高校实践教学的发展与演变、商科专业实践教学的总体状况、商科专业实践教学存在的问题、商科专业实践教学体系构建的影响因素五部分。主要内容包括：高校商科专业的办学理念、高校商科专业建设现状、高校商科专业发展的探讨等方面。

第一节 商科专业建设的现状分析

一、培养方案未能有效控制

目前，高校商科专业培养方案是培养高技能、复合型、实用型人才，那么意味着高校商科学生得到的教育应该是就业能力本位，而不是学科能力本位。商科专业的办学现状，没能体现出高校以"服务为宗旨，以就业为导向"这样一个培养目的；没能很好地体现高等教育所倡导的以"必须、够用"为教育目标。

以市场营销专业为例来比较开设的课程（多数学院开设此课程）。市场营销专业开设的课程普遍有现代推销学、市场营销学、消费心理学、商务谈判学、商品学、公关与营销策划、外贸实务、经济法、电子商务、广告学、会计学等。可以看出，商科专业仍表现出学科体系性过强，没有明显形成商科专业自身特色的培养方案和课程体系。

二、商科教学条件不够，学生实践能力欠缺

国家评估体系中指出，学生人均教学仪器设备值，文史财经管类≥3 000 元

为合格，≥4000 元为优秀。居多的院校未能达到这个教学资金的投入，纯粹以商科为办学主导的院校情况尚好，在以工科为主的院校表现得尤为突出，西部经济不发达地区的状况更是令人担忧。我们与美、英、德、日、澳大利亚等国的商科办学条件作对比，会发现上述国家的商科教育为促成"通才"的目的，他们的教学投资远超出我国。

第二节　高校实践教学的发展与演变

一、高校实践教学概述

（一）高校实践教学的内涵

实践教学作为一种教学形式，既能充分反映高等教育的特点，也是提升高等教育人才培养质量的重要途径，但实践教学不是职业教育的专属标志。实际上，大学紧跟知识经济的脚步，进入到社会经济的重心，实践教学受到广泛的重视，实践教学强调综合知识的运用和动手能力的培养，在实现高等教育培养方面有其独特的作用。

各种教育类型中，实践教学有其不同的特点：普通高等教育培养学术型人才，侧重培养学生的综合素质和研究能力，实践教学是有益的补充；高等职业教育培养技术技能型人才，将学生的职业综合素质和技术应用能力作为重点培养内容，实践教学是培养技术技能型人才的主要途径。实践教学与理论教从字面上看两者是相对的教育术语，但实际上两个概念既有区别有相联系。如果将理论教学之外的其他教学环节都划为实践教学，是不合理的。

如果说理论教学更重视养成知识和形成综合能力，那么对于实践教学来讲，它更强调培养动手能力及将理论知识运用于实践，两者在实际功用上各有侧重。因此，在实际的教学中，很难把理论教学和实践教学截然分开，而是彼此依存、互为补充，呈现你中有我，我中有你的现象。

综上所述，实践教学作为高校的一种教学方式，以实践能力的培养为主要目标，理论教学相辅相成，通过组织学生参与教学环节来巩固及运用理论知识，培养动手能力，形成专业技能，以最终提高学生的解决问题能力和创新创造力。

（二）高校实践教学的形式

1. 实验

实验作为重要的实践教学形式之一，一般是指学生在已经掌握一部分理论知识的前提下，根据教师的指导，利用一定的设备或材料控制条件和变量，对所引起的变化进行观察和分析，来获得直观的感受与技能。实验较多运用于高校的基础课和专业课，实验的目的既是验证课堂所学的理论知识，也重在培养学生分析、设计和操作等方面的能力，并且有利于促进学生的智力发展和养成认真、耐心等性格。实验一般可以分为示范性实验、操作性实验、综合性实验、设计性实验等。

2. 实训

作为高校实践教学的主要形式之一，实训的目的是让学生通过在真实或仿真的环境中训练而获得某种技术或技能。一般来说，实训是在校内的实训基地实施，对真实工作项目中的问题或案例进行分析、操作，既具备一定的职业情境，也有很强的操作性、实战性。与实验相比，实训有更强的独立性和复杂性，因此，学生在实训中可以得到更多的锻炼和感受。

3. 实习

实习是指将所学知识运用到实际操作中去的演练活动，主要是学生在学校实习指导教师和企业实习师傅的指导下，为了掌握及熟悉相关知识与技能、提高工作能力和培养职业品德，在校内或校外实习场地从事模拟或实际的工作。实习作为高校实践教学中的重要内容，主要表现形式包括专业实习、生产实习和毕业实习。专业实习又可以大致分为参观和认识实习、单科实习、综合性教学实习等。生产实习的形式可以分为轮岗实习和顶岗实习。毕业实习是毕业设计或毕业论文的准备性教学环节之一，将所学专业知识综合运用到实际工作中。

二、国外实践教学思想发展与演变

实践教学思想的萌芽可以追溯到亚里士多德、夸美纽斯、卢梭等人为代表的自然主义教育家的教育思想。由于时代和社会环境的不同，他们提出的思想侧重点有所不同，但他们都强调教与学的自然性，认为教学活动是一种没有经过刻意加工的过程。

此外，他们还强调儿童在教学活动中的重要性，儿童是教学主体，强调学校教育应与生活教育紧密相连，如亚里士多德明确指出："应当首先关注孩童的身体，而后才是其灵魂方面，再次是关心他们的情欲，当然关心情欲是为了理智，关心身体是为了灵魂。"这些思想都是实践教学重要的理论源泉。自然主义教育思想阐明了西方对自然教育的重视，对儿童"天性"的尊重，只能作为实践教学的理论萌芽，它没有提到教学任务要在实践活动中完成，因此有它的局限性。

19世纪末20世纪初，欧美掀起了"新教育运动"和"进步主义教育运动"，众多改革教育家强烈抨击了当时学校与生活世界相隔离的状况以及以教师为中心的教学情况，他们竭力主张不仅要改革学校和学生的学习方式，而且还要改革社会和文化的整体教育系统，希望通过举办"公民教育"和"劳动学校"，用新的教育来代替旧的教育，希望借助新的教学方法来对过去授受式的教学进行改变，从而使目前"书本和头脑学校"的现状得以有效改变。在这样的背景下，与西方实用主义哲学思潮结合而生的进步主义教育得到了迅速发展，并成为当时世纪美国教育史上有重大影响的教育流派。

随着时代和经济发展对教育的不同诉求，发始于19世纪的实用主义教育理论，从实践活动的效用角度出发，对当今的教育教学改革特别是商科专业实践教学的发展仍具有重要的指导价值和诸多的启示。时至今日，实用主义的某种思想仍在发挥着余热，如行动导向的学习、情境学习、合作学习等理念，都吸收了实用主义思想精华。

20世纪70年代以来，不管是来自政治、经济方面的压力，还是来自教育界自身的改革愿望都日益强烈，在继续强调教育经济功能的同时，教育的文化功能得到了加强，世界教育改革与发展日益关注"以学生为本"的教育理念。在这一理念的推动下，"尊重学习主体的发展权利""完善人格""弘扬个性""培养全方面发展的人"等提法成为人们探讨的重心。

在这种教育背景下，人们呼吁驱除理论权威，缩小理论与实践教育的差距，让生活实践走进学校。联合国教科文组织发表的教育报告中提及教育四大支柱，即学会学习、学会做事、学会合作、学会生存。这既可以看作是教育的四大目标，同时也全面阐述了国际社会对未来人类学习问题的理解，体现了教育改革主题和观念的重要变化。

20世纪80年代末90年代初，教育改革已逐渐成为全球政治、经济改革的重要组成部分。社会的发展及劳动组织的变革对教育提出了新的要求，仅仅停留于基本技能的掌握已无法满足社会对劳动者素质的要求，如何获取和处理信息的能力、与他人合作共同解决问题的能力、主动探究能力及责任意识等关键能力的培养，成为教育改革的焦点问题。与培养这些能力相适应的新的课程形态和学习方式应运而生。如美国积极倡导"以项目为中心的学习"和"以问题为中心的学习"的学习方式，打破了学校中固有的专业结构，克服了单一的思维方式，强调教育与现实生活的联系，通过学生参与项目计划、设计、实施等过程来学习，这些有益的尝试可以探寻到实践教学的思想，或者说使用了实践教学法的某些元素，项目教学成为当时颇受欢迎的教学方法。

20世纪90年代联合国教科文组织在《国际教育标准分类法》中对教育进行了重新解释，即将"教育是有组织地和持续不断地传授知识的工作"改为"教育被认为是导致学习的、有组织的及持续的交流"。这种改变表明对教学的理解发生了重要的转向，即有效的教学应该能够促成有效的学习，更加强调了教学不是教师单向的传授、强迫给予的过程，而应是学习者主动建构、积极参与、与教师互动、交流的过程。建构主义学习论促成了新的教学范式，即从基于行为主义的以教师为中心的教学范式转变为基于建构主义的以学习者为中心的教学范式。

三、我国实践教学的发展与演变

（一）认识思考阶段（1999—2004年）

1999年本科扩招到2004年本科评估之前，升本的绝大多数新建本科院校的发展方向，都是一心想走清华、北大的路子，千军万马挤向学术型、研究型大学这座独木桥。这一时期新建本科院校的人才培养模式与学术型大学没有什么区别。查阅新建本科院校的人才培养方案或教学计划，可以发现实践教学一般都是配合理论教学进行的，少有独立设置的实践教学课程，学校对于实践教学也没有一个具体的要求，实践教学处于理论教学从属的地位。

2001年8月教育部《关于加强高等学校本科教学工作提高教学质量的若干意见》（教高[2001]4号）中提到"实践教学对于提高学生的综合素质、培养学生的创新精神与实践能力具有特殊作用，高等学校要重视本科教学的实践环节"，我们可以看到所提出的要求就是"要重视"但如何重视、何谓重视，并没有什么具体的要求。

（二）尝试调整阶段（2004—2008年）

2004年教育部开始了新一轮的普通高等学校本科教学水平评估，在指标体系中除对实践教学的硬件和软件两个方面制定了评估标准外，还将学校的办学定位和办学指导思想列入了评估指标体系。

同时，来自社会和企业的声音让新建本科院校开始重新考虑学校的办学定位，如何才能在高等教育大众化的形势下，在众多高校中培养出适应社会经济发展需要、工作单位急需的人才。这时大家开始注意到美国等国家的应用型人才培养模式，开始了解实践教学在应用型人才培养中的作用。

2005 年 1 月，教育部制定的《关于进一步加强高等学校本科教学工作的若干意见》（教高 [2005]1 号）中就明确指出："大力加强实践教学，切实提高大学生的实践能力。高等学校要强化实践育人的意识，区别不同学科对实践教学的要求，合理制定实践教学方案，完善实践教学体系。"

到了 2007 年 1 月，教育部《关于深化本科教学改革全面提高教学质量的若干意见》（教高 [2007]2 号）又一次要求："高度重视实践环节，提高学生实践能力。要大力加强实验、实习、实践和毕业设计论文等实践教学环节，特别要加强专业实习和毕业实习等重要环节。"

从 2004 年到 2007 年，所有新建本科院校根据本科评估的要求，加大了实践教学硬件建设，建设了一批高水平的实验实训室。同时有一部分新建院校开始调整学校的办学定位，逐步确立了应用型的办学定位，尝试着对教学体系进行调整，加大了实践教学的比例和改革实践教学方法，走产学研相结合之路。

（三）改革实践阶段（2009—2011 年）

2008 年本科评估结束之后，高校教育理念有了进一步的更新，新建本科院校从第一轮本科评估的过程中吸取经验，坚定了商科的办学定位，建立和不断完善以应用知识为基础的理论教学体系、以能力为主线的实践教学体系和以人文素养和职业道德为内容的素质教育体系的应用型人才培养模式。将实践教学放到了与理论教学同样重要的位置，开始注重实践教学系统性和完整性，并且也开始根据不同学科类型的特点构建不同的实践教学体系，这一时期新建本科院校结合学校的学科特点提出了不少培养模式。

2009 年教育部进行的新建本科院校合格评估试点的评估标准中对实践教学的要求更加具体化，不仅对实践教学在总学时学分中所占的比例有了具体的要求，更重要的是提出了指标体系中体系的分类评价、分类指导的原则。

（四）深化实践阶段（2012 年至今）

2012 年在《教育部关于全面提高高等教育质量的若干意见》中提出："要创新人才培养模式，以提高实践能力为重点，加大应用型、复合型、技能型人才培养力度。针对实践育人环节，提出要增加实践教学比重，加强实验室、实习实训基地。实践教学共享平台建设。"教育部的相关政策性指导意见，体现出强化实践教学环节的思想，增强学生实践应用能力，培养学生的创新创业能力成为新形势下高校人才培养的重点。

2017 颁布的《国家教育事业发展"十三五"规划》指出："支持一批地方商科高校建设，重点加强实验实训实习环境、平台和基地建设，鼓励吸引行业企业参与，建设产教融合、校企合作、产学研一体的实验实训实习设施，推动技术技能人才培养和应用技术创新。"由此可以看出，2012 年后，国家各部委出台了系列文件支持高校应用型人才培养及地方应用型高校建设，我国本科实践教学发展进入深化实践阶段。

第三节　商科专业实践教学的总体状况

高校的实践教学环节是大学生综合素质培养体系中的一个关键内容，也是理论学习到社会实践的中间衔接环节。由于我国高校商科专业的实践教学发展起步比较晚，因而在其教学中普遍存在实践教学环节简单、管理薄弱等问题。

进入 21 世纪以来，经济全球化，科技迅速膨胀，知识以"加速度"更新。社会对人才的要求越来越高，人才之间的竞争也愈加激烈。如何在有限的大学期间及环境里，使培养出来的学生从知识结构到综合能力等各方面的素质更加适应社会的需要是每个教育工作者都必须面对的现实。

一、课程体系结构完备

（一）商科各专业课设置相对集中

比如在专业基础课方面，普遍开设宏观经济学、微观经济学、会计学和统计学等；在专业课程方面，同专业不同学校开设课程相似度较高。

（二）课程设置能与时俱进

表现在实践课程比重增加。很多院校会根据区域经济的发展趋势和就业需求调整课程设置，根据毕业生就业去向的改变更新课程内容。

二、实习基地数量差异较大

每所高校商科专业都设有实习基地，但实习基地利用率和校企合作深度，各校之间不同专业之间差距较大。

三、普遍重视专业实验室建设

每个专业都建设了实验室，但各类学校存在较大差异。独立学院实验室数量偏低，也就是说，独立学院并非所有专业都设立了专门实验室。

第四节 商科专业实践教学存在的问题

一、高校实践教学存在的问题

高校在加大资金投入、积极参加职业技能大赛、加强国际交流合作等方面做出了很多成绩，但也体现出一些不足。

（一）实践观存在偏差

高校师生对实践教学的认识在某种程度上可以反映他们的实践观。正确的实践观可以提升实践教学的质量。作为高等教育的重要特色，实践教学是学生形成技能、获得职业能力不可或缺的要素。

绝大部分的同学能够认识到实践教学的重要性，对自己职业能力的形成有益，这是实践教学能否顺利开展的重要基础。但是仍有一部分学生认为自己学校对实践教学的重视程度一般，造成这种现象可能存在两种原因：第一是学校对实践教学的重视程度确实不够，另一方面可能是学校很重视，但在实践教学实施过程中缺少有力的举措让学生满意。

（二）实践教学办学条件滞后

1. 经费保障水平不够

由于我国的高等教育存在起步相对较晚、底子相对较薄、规模比较大等特点，因此，尽管近年来经费投入的增长幅度较大，但总体来说，办学条件还比较薄弱。2012 年，各省级行政区在教育部的推动下，启动制订和实施高等院校生均拨款标准，但这并不是一个确定的详尽的标准，仅仅是方向性的政策指导。

此外，经费投入水平也存在地域差异，各省、同省各市县等之间发展不均衡。

2. 设备设施更新滞后

实践教学能够充分体现高等教育的特点，是实现培养技能人才的基本途径。但实践教学需要具备一定的教学环境和物质条件，以保证实践教学的顺利展开，其中最基本环境和条件就是校内实训基地和实践教学仪器设备。

由于受诸如资金、技术等方面的限制，目前高校的实验设备、实训基地条件并不十分理想，大多存在落后于行业或企业生产现状的问题，在这样的条件下培养出来的学生，无法在毕业时迅速接手工作，从而影响到高等教育的社会认同度。

一方面，校内实训基地建设不够完善。实训基地是实现实践教学功能的重要方式，但是在场地占用、资金投入等方面成本巨大。严格意义上来讲，很多学校建设的仅能被称为"实训室"，并且不是覆盖所有专业，仅涉及学校的重点专业。

此外，实训室的建设标准不统一、规范化不高。受制于实训场地、设备设施不足和实验原材料的缺乏，老师只能在课堂上做演示性的操作，学生自己亲自动手操作、练习的机会相当匮乏，这会对学习效果产生很大影响。

另一方面，实践教学设备更新不够及时。高校办学经费总体困难，难以投入大量资金对实验实训设备进行及时更新。随着现代科技的发展，科技的运用更加普遍，生产工艺和流程更加复杂，高校也应根据现代工业的发展及时购置最新设备，以便学生了解最新的生产工艺和流程。

此外，实践教学设备的使用效率不高也较为普遍地存在。有些高校虽然投入大量资金对设备进行了更新，但囿于运行成本偏高，实际上不做教学使用，仅用来作为参观和展示。只有一些国家级示范性实训基地是真正配备了高新技术设备，并将其应用于实践教学。

（三）实践教学师资力量薄弱

1. 师资短缺

高校师资数量短缺问题是影响高等教育质量的一个重要因素。我国高校"生师比"一直处于20∶1之上，与理想状态的16∶1相比，还有很大的差距。

2. 教师生产实践经验欠缺

虽然学校有专门的实践课老师，也从行业企业聘请相关人员参与教学，但仍有一部分同学的实践课是由理论课教师兼任的。有一部分同学认为自己的实践课老师水平一般，有待提升。大部分同学期待今后能有既懂理论，又懂实际操作的专任老师。虽然有一部分教师既具备教师资格，又有相关专业技能，但有些资格证书是以考试成绩为依据发放的，如果没有从事过相关的工作或活动，对专业教学的指导将是有限的。因此，双师不仅要有相关资格证书，更重要的是要有相关行业的从业经历和经验。

（四）实践教学过程不科学

1. 教学内容

实践教学内容的重要性不言而喻，可以算得上是实践教学体系的核心，精心设计实践教学的内容可以提高实践教学的实效。

一部分学生认为实践教学内容一般，更新不及时，甚至有几位学生认为自己专业实践教学内容陈旧，无法适应社会需求。

2. 教学形式

目前，很多高校的实践教学，往往过于关注其外在形式，而忽视内容与形式的有机结合。表面上看既有课堂实践，也有课后活动，但仔细分析就发现，如果为了展示实践教学形式的丰富，不考虑内容与效果评价，将不利于学生的能力养成。目前，高校虽然设置了一些实践的环节，也制定了相应的规范，但在实践内容的系统性、岗位衔接性等方面仍不够完善。

3. 教学方法

选择合适的教学方法，可以提升教学效果。为了使学生各方面能力都得到全方位的锻炼，教学中针对不同的实验实训项目，可以灵活运用不同的方式方法。比如，如果偏向培养学生的观察概括能力，就可以多组织学生进行参观认识；如果偏向培养学生的认知能力和实践操作能力，可以采用实验法等。

教学中的一大难点在于抽象知识的讲解。比如在讲解口腔修复的时候，有些学生由于想象能力不足，对事物的思考还停留在平面上，难以在脑海中转换成立体图像，教学效果因而大打折扣。此外，在课堂讲授环节，教师虽然使用了教学模型，但由于模型较小且观察角度有限，很多学生难以理解。

（五）实践教学评价不规范

通过教学评价可以了解教育教学现状，从而为今后的教学改革及决策提供依据。根据统计，大部分同学的实践成绩主要是老师根据学生提交的实验实习报告、平时成绩、专门的课程考试来评定的。

很多高校虽然已设立实践教学考核环节，但大多缺少比较规范的评价体系，有些考核会流于形式。考核评价过程中出现的大致问题包括，大多课程考核的主体是老师，学生自评或同学互评的比例较小；大多数的考核内容是课程实施过程中学生的表现情况，主要依据是课程结束后的实验实习报告，缺少对课前的考核；有些考核成绩评定等级只有优秀、良好、及格和不及格，区分度不够。

（六）校企合作融合度不够

1. 企业参与办学激励政策不够

政府促进校企合作办学的有关法规和激励政策不够，企业参与职业教育很难找到企业自身发展的方向和盈利目标，因此参与的积极性还有待提高，责任意识不明确。对企业因接受实习生所实际投入的与收入获益的不对称，按现行税收法律及政策规定，企业很难找到与学校开展合作的空间和落脚点，仅仅靠企业社会责任很难维持长期有效的合作。

2. 企业捐赠设备缺乏政策支持

一些企业特别是国有企业捐赠实训设备时，由于国有资产管理的有关规定限制，很多时候即使有意愿，也很难实训。企业捐赠设施设备支持职业教育，既履行了社会责任，也为企业自身培养后续人才出力，同时企业可以利用共建的实训基地培训在岗员工，但推进过程中缺乏合理的政策支持，导致可操作性不够。

3. 学生实习与安全生产的矛盾

安全问题是最棘手也是最大的问题，基于高校学生的实际情况，在外派学生到企业实习实训时，住宿和日常安全管理问题较为突出，加大了学校的管理风险，也提升了企业员工管理的难度和成本。在生产实习过程中，部分有一定危险性的工作，对学生操作的安全要求较高，实习实训工作中的安全也是在校企合作尤其实习实训合作过程中不可忽略的重要问题。

4. 人才缺口与学生能力不够的矛盾

企业是需要合适合用的人才，而且最近两年缺口一直在扩大，但是另一方面高校毕业生找工作又存在一定的困难，优质的就业情况也是学校办学的一个成果，这两者存在差距或矛盾的原因在于用人单位和学校人才培养层次或水平上的不合拍，所以在校企合作过程中，如何解决这个矛盾也是一个重点需要解决的问题和工作内容。

二、高校商科专业实践教学存在的问题

（一）实践教学队伍欠合理

实践指导教师的指导能力高低不一，也是影响实践效果的重要因素。例如，某些实践指导教师受自身实践能力、社会经验、知识结构等条件的限制，不能正确指导学生完成实践（实训）任务，有的甚至还可能误导学生，从而制约了对人才创新能力的培养与开发，使实践教学效果大打折扣。

（二）教学方式单一、内容陈旧

在我国将实践教学引入高校商科专业，已经有了短暂的发展历程。虽然各个高校在教学内容、教学方法等方面进行了一系列的改革与创新，但培养模式仍然较单一，管理模块过死，严重影响学生的积极性和创新性。单一化、灌输

式教学方式，仍然是主要的教学方式，师生之间很少互动交流。不少教学内容陈旧，有些已经随着科技、经济的进步失去原有价值，但仍然在教材中占有一定的比例，而某些正在转化为新的知识体系的科学前沿知识，却被置于教学大门之外。

（三）毕业设计（论文）质量有待提高

毕业生的毕业设计（论文）是对大学四年所学知识的一次综合性检验，在实践教学环节中占有非常重要的地位。由于商科专业学生在校期间很难进入企事业单位、研究院所进行实践或研究调查，所以做毕业设计（论文）时就缺少实践的第一手资料，论文选题类型绝大多数是一些模拟课题或虚拟课题，严重缺少真实、实际课题，从而凸显毕业设计（论文）课题与社会实践脱节的现象。

第五节　商科专业实践教学体系构建的影响因素

一、商科专业实践教学体系存在问题

商科专业的实践教学建设取得了一定的发展。但是仍然还存在着以下几个方面的问题。

（一）商科教育的定位不够清晰

部分学校的教学管理者虽然确立了商科的办学定位，但还没有完全搞清楚商科教育的内涵是什么、在人才培养模式上与传统的本科教育有何区别、对教师的要求有什么不同、课程体系设置有什么不一样。

比如表现在教学上，就是仍然把理论知识传授放在首位，而把实践教学、能力培养作为理论知识传授的补充形式，实践教学比较薄弱。在这种传统观念的制约下，学校在资金与人员分配、管理人员在教学资源配备、教学人员在教学内容选择和教学方法使用上，均倾向于课堂理论教学，致使实践教学处于次要地位。有些学校虽然在学校的定位上提出了应用型人才培养的要求，但是在其学校的学位授予条例中仍然将人才培养的具体要求定位于培养厚基础、宽口径的高级人才。

（二）实践教学体系的构建缺乏系统性

部分院校在人才培养方案的设计中，没有认真思考本学校、本专业应用型人才培养的特殊性，而是惯性地参照传统本科来构建自身的实践教学体系。

1. 实践教学时数相对理论教学来说偏少

尽管一些院校的教学体系中增加了一定的实训内容和课时，但其实践教学与理论教学的课时比例与传统本科基本一致。

2. 课内理论教学与课外实践教学不能有机结合

学生的在校学习生活，除了课堂教学外还有很大的一部分是课外时间。访谈学校都为学生安排了各种各样、内容丰富的课外活动，但是这些课外活动与学生的专业联系的并不多，除了少部分成绩较好的学生参加到一些学科竞赛、大学生创新计划项目、实验室开放等活动中来，大部分学生参加的都是学生社团组织的文体活动。这些社团活动与专业的相关性不高，且由于制度原因，指导教师的积极性也不高。这些社团活动对于学生综合运用所学知识，提高实践能力、创新能力、创业能力和素质没有多大的帮助，学生的能力、素质培养主要还是依靠课内教学实践来进行。

造成以上问题的原因有以下几个方面：一是对实践教学的思考不足。由于受传统教育思想的影响，没有办商科的经验，没有将实践教学与理论教学放在同样重要的位置上，理论与实践并重的人才培养目标没有得到具体落实。二是实践教学时间安排不尽合理。访谈学校的实践教学安排基本一致，而且时间也不长，多为集中四周左右的时间进行实践，同一个时间点多个专业同时进行实践，校外实践教学基地无法承受。四是国家对实践教学的支持力度不够。商科专业的实践教学需要企业的深度参与，而国家在学生实践、实习方面的政策支持与保障力度不够，激发不了企业的积极性。

（三）实践教学课程的内涵建设不足

1. 实践教学的内容不能适应用型人才的培养要求

各校商科专业的实践课程均出现内容陈旧、更新慢的现象。这是因为学校的专业设置、人才培养方案制订，教学内容制订和教材选用等都是学校内部的事情，很少真正去了解社会和企业的要求。虽然高校商科专业在编制修订人才培养方案时，都邀请企业人员参与，但一些课程内容无法跟上时代的发展要求。这是因为现阶段大部分的教师都没有多少企业的实际工作经验，在给学生授课时和带领学生进行实践活动时多为纸上谈兵，甚至教师的教学内容多年不进行更新，这些都导致实验教学内容不能适应社会和企业对应用型人才的要求。

此外，开设的实验实践内容多为验证性的，而需要学生综合运用所学知识的综合性、设计性实验比例较低。虽然从数据上看，各校提供的综合性、设计性实验的比例似乎很高，几乎达到100%，但是这个比例是按课程进行统计的，一门实验实践课程中无论有几个实验，只要其中有一个实验是综合性、设计性的实验，这门课程就是综合性、设计性的实验，而不是深入每一门课程内，关心具体课程实验开出的实验中有多少个实验是综合性、设计性的。因此，综合性、设计性实验的比例只是在数据上达到了要求。

2. 实践教学方法缺乏改革和创新，实验、实训技术手段落后

高校大多没有充分利用计算机软件。网络等辅助手段进行模拟实验，实验的精确度不高，综合性、仿真性实践项目不多。

3. 学生的积极性得不到充分发挥

实践教学不仅是要让学生掌握实践的内容，而且还要让学生掌握实践的方法，这就要求教师在实践教学中应该着重于启发和引导学生，对不同水平的学生提出不同的要求，充分调动学生的创新意识，培养学生的科学探索精神。而现实中，实践教学一般仍然采用的是教师主导的教学方法。

（四）严重缺乏具有实践教学经验的师资

商科专业教师不但要有较高学历，而且要有较丰富的实践经验。由于人事制度聘用原因及学校对实践教学重视不够，很难聘请既有较高学历又有丰富的实践经验和较强的专业技能的人到商科专业高校任教，而原有的实践教学老师在市场经济大潮的冲击下，不少优秀人才辞职流向高工资、高福利单位，致使实践教师队伍人才流失严重，实践教学教师队伍的人才结构愈加不合理，层次结构偏低，素质有待提高。新招聘到学校的青年教师虽然学历较高，但是在我们的研究生教育中对于实践要求更加不明确，没有具体的实践经验，自然无法带领学生进行实践教学。

（五）对实践教学场地的科学建设和管理不到位

1. 校外实践基地开放性较低

商科专业某些业务涉及企业经营的安全和机密，很难对实习学生开放。比如财务管理专业学生很难找到对口的财务岗位实习。这是因为很多大企业都设置了单独的财务机构，专门从事融资、投资等业务，但是绝大部分企业都没有单独的财务机构，只是设置了会计机构，这使财务管理专业学生难以找到对口的实习部门。

除此之外，财务管理专业实习岗位涉及具体的单位的经济数据和财务数据，单位的财务数据一般保密，不会让学生接触核心业务。

2. 校外实践基地的管理难度较大

由于缺乏管理，校外实践基地企业指导教师的带教往往流于形式。有的实习单位则不安排固定指导教师，或没有指导教学计划；有的实习单位把学生实习当作额外负担，或只因熟人面子难以拒绝而勉强接受，或把实习学生当作免费打工的劳动力。

造成这种情况主要有三个原因：一是学校的实践教学场地建设缺乏统一的布局和规划；二是信息化系统建设落后于实践教学场地建设；三是相关的鼓励政策不到位，影响学校和企业的积极性。总之，由于以上原因，造成了实践教学与理论教学相比仍然处于弱势地位，应用型人才的特色无法得到彰显。

二、商科专业实践教学体系构建影响因素

（一）学校因素

1. 缺乏有效评价指标体系

有些高校几乎没有或者完全没有制定评价学生实践能力的指标体系，制定了的也需要进一步完善。

实践教学体系的构建需要学校根据办学定位和办学目标确定，院（系）结合自己学科、专业和课程特点具体落实，并且通过教学计划强化和保证实践教学活动的实施。要想对学生实践教学活动做出正确评价，需要校、院（系）两级都应有自己的评价指标体系，并不断加强建设，论证、调整和规范，加强实践教学的研究和管理，切实提高实践教学的质量。实践教学的评价可以通过四个层面进行，即社会对学生实践活动的评价、教师对学生实践活动的评价、专家对实践活动的评价和学生对实践教学的评价共同完成。

2. 实践教学的经费投入不足

"经费制约"是制约实践教学的主要因素，说明部分商科专业实践教学经费投入并不十分充裕，甚至有的学校投入还很少，不能保证实践教学的正常进行。学校要出台政策，鼓励教师使用校内实验室开展各种实践教学活动，并在课酬、工作量、评优等方面给予政策倾斜。同时，可以开展实验室实践教学竞赛、实验项目比赛、科研项目招标等活动，降低实践教学成本。

3. 教学计划有待于修订完善

学校宏观控制和管理是解决问题的关键。一方面，学校需要完善规章制度，检查监督学院的日常教学管理工作；另一方面，专业建设的主体单位在二级学

院，学校要从制度层面促进二级学院加强专业建设和课程建设，完善课程结构，更新课程管理，此外，学校要加强与社会、行业的联系和沟通，加强校企合作，广辟经费来源，为学生创造更多的实践机会，提供更多的场所，真正使实践教学收到应有的效果。

进一步定性分析高校层面的管理中，还有一些问题也同样影响并制约着商科专业实践教学体系的构建，如学校办学定位、课程体系和专业课程板块建设、师资管理、组织机构的建立健全、实验室设备及管理制度、实习基地建设的鼓励政策、实践教学成果的考核等。

4. 实践教学的时间安排不合理

每学期安排的专业实践教学的次数不多，这也能反映出专业教师组织实践教学次数少，达不到实践教学的效果，这既有制订教学计划不力的原因，也有课内实践教学组织不力的原因。

实践教学时间的安排需要学校根据教学计划、专业大类的不同，科学论证，制定指导性意见和建议。具体专业和课程实践教学的时间安排由院（系）负责，确保教学计划的落实。学生要保证实践教学的时间是完整的、实践效果是明显的，并且还要通过学校的实践教学成绩考核。

5. 实践教学学分和课时比重有待于调整

高校商科专业要借鉴理工科大学和理工科专业的实践教学体系建设的经验，借鉴国外办学经验，结合自己的办学定位和办学目标，确定较为合理的比例。目前，国内多数学者认为1/3的比例较为合理，对于商科专业来说，根据不同专业学生的不同特点，这个比例还可以在一定的范围（比如5%）内上下浮动。

（二）教师因素

1. 教师利用课内组织实践教学活动的积极性

教师要用好案例教学，选用中外最新案例，深入浅出，阐述知识点，培养学生分析问题和解决问题的能力。通过让学生自己讲课，锻炼学生的语言表达能力、团队意识和合作精神。加强师生课堂互动，提升学生的学习兴趣，激发学生的求知欲，有的放矢地掌控课堂理论知识的讲解进度和实践教学效果。通过论文、讨论、自学等形式，培养学生研究性学习的良好学风，培养学生的科研能力，培养学生终身学习的良好素质。

2. 校内仿真实训活动开展情况

教师在课内组织的实践教学活动较少，课程偏重理论教学，缺乏灵活性和操作性，与实际结合不密切，未能充分利用校内实验室模拟实践活动，不注重培养学生的动手操作能力。从降低实践教学成本看，没有或者较少组织学生参加社会实践活动的教师应积极使用实验室资源，开展各种模拟活动和实验、实践活动，培养学生的动手操作能力。

结合目前对相关问题的研究，来自教师的问题还包括教师的时间和精力投入、个人社会兼职、是否有良好的教风和职业道德等都会影响商科专业实践教学体系的构建。

（三）学生因素

1. 学生参加实践教学的兴趣

学校应该科学论证，合理确定实践教学的课时比例，并且保证经费落实、设备落实、时间落实、内容落实；通过专业课程课内实践活动和实验室实践活动，弥补学生动手机会少的不足；对学生开放实验室，加强实验室设备管理和维护，提高实验室的利用率，整合校内资源，提高实践、实训、实验效率。

2. 学生分散实习的比例较高

实习和实践经费多数由学校筹措，实践经费来源单一，且不充裕；另外，自筹比例过高不利于调动学生实践的积极性，并加重了学生和家庭负担。在高校目前的实践和实习活动中，多数学校实行集中和分散实习相结合，分散实习是有学生自己寻找实习单位，没有经费支持，成为流于形式的实习和实践。调查可见，学生分散实习比重较高。有限的实习和实践经费不能惠及多数学生，成为制约学生参加实践教学的主要因素。多数学生参加的实践教学活动以校内实验室、实训室的活动为主，而且远远不能满足学生的求知需要，更谈不上提高实践能力。

第四章 商科专业教育的改革与发展

面对我国高等教育的快速发展，商科专业教育也要结合自身的优势特色专业进行改革与发展，构建具有特色的商科专业群，提高商科专业教育的教学质量。本章分为专业课程的引入与设置、选科制与课程的改革、学校与专业设置的调整、商科专业群建设的内容、系统性改革设计与实施五个部分。主要包括：商科专业教育的实用主义教育理论、泰勒的现代课程理论等理论基础，商科专业课程的改革与发展，商科专业教育课程的设置等内容。

第一节 商科专业教育的理论基础

一、实用主义教育理论

实用主义产生于19世纪末期的美国，随着工业革命和经验科学的兴起，人们开始更加关注自身现实生活，并且认为现实生活才最有价值，实用主义就是这种实际人生观的真实反映。这其中，实用主义的代表人物之——杜威，他的教育思想在许多方面对我们具有重要影响，尤其是对商科院校实践教学具有指导性意义。杜威针对传统教育只注重知识传授而忽视实践能力培养的弊端，进行了猛烈批评并提出"从做中学"的教育主张。他认为学生从教师口中得来的知识不是真正意义上的知识，这种以教师为中心的教学方法只会扼杀学生的积极性和创造性，教学不应该对学生进行填鸭式的培养，而应该诱导其全身心地参加实践活动，让他们在实践中学到鲜活的知识，也就是"从做中学"。杜威认为通过丰富多彩的实践活动可以培养学生的积极性、主动性，可以锻炼学生的实践技能，在积累自身经验的同时也为日后走向社会做准备。杜威的这种思想主张也给我们提供了启发，为实践教学的发展奠定了理论基础。此外，杜威还提出了"学校即社会"，他认为"学校主要是一种社会组织"，它不应该成为脱离生活实际的象牙塔，而要密切联系社会、反映社会的真实情况，才能从根本上提高教学质量。"学校即社会"就是强调学校与社会两者之间的真实联系，学校必须创造社会化的生活环境，教学内容也要紧跟社会发展步伐、反映社会现实。随着时代的变迁，杜威的实用主义教育理论仍具有十分重要的指导意义，商科院校构建实践教学体系要注意对杜威思想的借鉴，密切学校与社会之间的关联，强化对学生实践应用能力的训练。

二、能力本位教育思想

能力本位教育思想发端于二战后，流行于美国和加拿大，最开始时在职业教育领域运用的比较多。它要求在教学过程中注重训练学生各方面的能力、拓展素质，学校各方面的教学工作以及教学内容都要与社会联系紧密，反映社会生活现实。能力本位教育思想中所指的能力，不单指操作技能，它指的是一个能力结构，包括专业能力、方法能力、社会能力，具体可以分解如下。

①完成工作所要求的基础性能力，如操作、应用能力以及善于在普通工作中发现问题的能力，能够冷静、沉着地解决问题的能力。

②从事任何工作都必须具备的"关键能力"，如能够独立工作的能力，能够在团队中与人协作、交往、沟通的能力，以及现代人必须具备的承受压力、化解压力的能力。

③工作任务或者工作环境发生变动时必须具备的能力，如快速调整自己以适应新工作的能力。

④为了提高生产力、革新生产技术所要求具备的一般发展能力，敢于冒险、开拓，能够不断提出"金点子"的创新能力。能力本位强调教学活动应围绕学生能力的培养而进行，它突出的是能力在人才培养中的地位。但是我们也应该，能力本位并不是能力唯一，知识和态度在学生综合素质养成中也很重要。

随着时代变迁，能力本位教育思想所存在的社会环境有所不同，但是它所强调对学生能力培养这一点仍然具有指导意义。商科院校构建实践教学体系过程中，也可以把能力本位教育思想作为指导，进行职业分析，按照岗位所需能力设计教学内容，寻求多样化的实践教学方法。

三、泰勒的现代课程理论

拉尔夫·泰勒（Ralph Tyler），享有"现代课程理论之父"的美称，是美国著名的教育家、课程理论专家。他的主要教育思想集中体现在 1949 年编写的《课程与教学的基本原理》一书中，这本书被是课程开发方面的指南，堪称"现代课程理论的圣经"。

泰勒的课程观是基于"行为目标论"的角度，提出了设计一门课程必须包含的四个原理，即著名的"泰勒原理"：学校要为学生提供怎样的教学经验、学校如何组织好这些教学经验、学习应力求要有明确的教育目标以及学习如何保证这些教育的实现。泰勒提出的课程原理可以归纳为从课程的目标、课程的内容、教学的实施和教学的评价四个方面设计课程，也就是从课程的四个要素入手探讨课程的建设。

虽然泰勒课程原理是基于基础教育课程改革提出的，但其关于课程目标、教学内容、教学实施、教育经验和课程评价的思考对大学课程包括商科课程建设同样具有启发意义。同时对国内商科课程标准建设研究基于课程要素的研究视角提供了理论依据。具体来看，泰勒的课程理论对的商科专业课程建设研究的现实启示如下。

首先在课程目标上强调要符合社会需求。现在国内"千校一面"的情况已成为高校发展的通病，高校课程的开设都是依据传统的精英教育模式强调课程的理论性、学术性和系统性。泰勒就教育目标方面曾提出有些课程应根据对校外生活的分析而设计出来的。学校要根据社会的需求确定人才培养的目标，课程的开设要依据对校外生活的研究，依据社会的需求设计课程，不能脱离社会需求空谈课程资源的开发，其实这就是对高校人才培养的定位问题。高校商科课程培养的是从事经济管理类方面工作的人才，特别是地方性高校培养的商科人才很多都是要为地方服务的，成为一线的高素质劳动者，所以更应该突出经管类课程的应用性、职业性，课程的开设应该结合用人单位、毕业生、政府等多方面的反馈，依据社会的需求培养有用之才。可见，泰勒的课程观不仅告诉我们如何确立课程的目标，还告诉我们如何去寻找课程资源实现课程目标。

其次是在课程内容方面，泰勒认为学习从根本上是学生与他所处的外部环境的相互作用，学习的经验并不是课堂上教师教授的内容，是让学生自己去实践课程目标中所包含的意义，并在实践中成长。简单来说就是学生掌握的知识主要看他自己的实践，而不是教师教了什么。在泰勒的课程观里一般很少有"课程内容""教学内容"这样的表述，多用"学习经验"表示，这给高校课程标准建设也带来一些启示，应鼓励学生通过实践来掌握课程的理论知识，在实践中成长成才，做到"知行合一"。教学的根本目的并不是教学经验的传授，而是学生能将理论知识运用于实践，以此获得满足感，在践行中提升自己的综合能力。

三是在课程的实施中，泰勒强调了学生的主体地位，认为传统教学的教师主导、学生被动的教育模式应该得到转变，学生的主动性和创造性由于被动的学习地位而被扼杀。不管基础教育还是高等教育，都应该确立学生的主体地位。当前社会虽然经常呼吁要以学生为中心，但是高校的教学实践中大多仍然是教师讲授的单一形式。长此以往，学生失去了积极性，师生缺乏必要的交流，课堂氛围不活跃。

四是关于课程评价的开发与设计应当不断完善、更新。随着社会经济的发展，社会的需求不断发生变化，但是高校教师长期以来都是以教学大纲为"教学圣经"或者依据教材上课，很少觉得学校课程的设置和开发设计是和自己息息相关的。泰勒对此提出了课程评价的开发和设计应是一个不断完善且持续的过程，教师也应在教学实践中对课程的编制不断提出改进的意见，使得课程和教学计划能在得到不断的更新和完善。

泰勒的现代课程理论从课程自身出发，给课程标准建设的内部各要素指明了发展的方向，教学大纲所代表的传统课程已经不能满足社会发展的需要从而制约了课程的发展，这促使我们不得不从课程内部审视当前高校的课程建设问题。高校应该依据社会的需求，建立起一个运行通畅、贴近社会的课程标准方案使课程设置保持活力，保持不断的改进，真正从内部促进课程体系和课程结构日趋完善。

四、马丁·特罗的高等教育大众化理论

马丁·特罗（Martin Trow），美国著名的教育家，他以高等教育的毛入学率为指标，提出了著名的高等教育大众化理论。他分别以毛入学率的15%、50%为临界点，将高等教育的发展分为三个阶段：精英、大众、普及阶段。在精英阶段，高等教育毛入学率小于15%；大众化阶段，高等教育的毛入学率处于15%~50%之间；普及阶段，高等教育的毛入学率达到或超过50%。

我国从1999年开始大幅扩招，至2002年毛入学率达到15%，可视为我国高等教育正式步入大众化阶段，到2020年我国高等教育毛入学率达到54.4%。由此可见我国高等教育的飞速发展，无疑扩大了我国高等教育的规模，提供了更多的教育机会。但是由于高校扩招，大量的学生涌入高校，很多高校的硬件设施不能及时满足学生突增的需求，由于这些问题十分明显，所以在大众化背景下，许多研究的重点就落脚在教育条件。可当高校的外部条件越来越好时，大学生培养质量的问题却被逐渐提起。由此可见高等教育规模的扩大已经不是我国高等教育发展的重点，我们现在更应重视快速扩张所带来的一系列问题，关注高等教育大众化的背景现实与当前课程中精英理念的教学现实的冲突。如

何提高大学的教学质量值得我们思考，但我们首先应该将研究落脚于大学课程上来，制定符合高等教育所处的大众化阶段背景的课程标准。

首先，高校应遵从高等教育大众化阶段的现实，重新制定课程标准。高等教育已经从精英教育转向大众教育，高校转型的需要导致课程方面有了质的变化，由专门化趋于模块化并有泛化的趋势。课程之间的界限越来越模糊，教学形式也越来越多样，相对评价的标准也会更难确定，围绕教学的两大问题"教什么"和"怎么教"也没有明确的规范。这是由于商科课程至今没有一个完善的课程标准，课程的理念、目标、实施建议以及评价各环节都没有明确说明，这样无疑会大大影响教学质量。在教材上，全国所用教材水平参差不齐，也没有相应的规格要求。商科学生从进入校园到在校学习都缺乏一个标准对其进行衡量和督促，导致国内商科学生质量普遍不高。综上所述，制定大众化背景下商科课程标准是商科课程建设的首要之事。

其次，商科专业教育的理念应遵循高等教育背景的转变而有所调整。随着大众化阶段的到来，高校教育的观念和功能也发生了巨大的变化。高等教育变成了普通人的权利，大学也逐渐走出了象牙塔，但是定位不清、盲目攀高和贪多求全等倾向和社会反映强烈的"千校一面"问题也逐渐暴露出来。大众化的教育背景和传统精英的教育模式间的冲突，计划性教育和市场性就业的矛盾呼吁着新兴的商科专业的建立要以高校自身办学的实情为基础，突出高校各自的办学特点，不再盲目追求精英式的培养理念，地方高校应该突出地方性人才的培养。

马丁·特罗的教育大众化理论从外部环境出发，指出了当前高等教育发展的宏观背景是处于大众化阶段。由于所处的外部环境发生了变化，商科专业教育的理念也应有所转变。由于地方高校是为地方经济发展贡献力量的主力军，传统精英教育理念对人才统一的高学术要求不符合时代和社会发展的要求。所以不仅是从教育的内部发展规律上还是社会环境的外在变化，都要求我们转变传统的教育理念和这种理念指导下的形成的教学大纲、教学计划，建立新型的商科专业教育，重视学生的个性化发展。

五、唯物辩证主义实践论

唯物辩证主义认识论的首要观点就是实践的观点。马克思主义哲学强调实践是认识的基础，实践是事物发展的动力，只有社会实践才是人们检验认识的唯一标准。高校教育也是一种人类社会实践活动，反映为教学实践主体的实践活动。高校教育的实践主体大致可以理解为四种：以学习为主要任务的学生、以授课为主要任务的教师、以管理为主要任务的高校以及以政策为主要任务的国家管理部门。所有大学的教育是"学""教""管理""政策"间的有机组合，实践主体的能动性是高校教育实践效果的内因。所以我们对高校教育的视角应该强调实践主体的能动性上。基于不同的立场，在实践课程教学过程中，应发挥不同实践主体的能动性。

首先，应该将课程着眼于学生上。要重新认识课程并希望课程在实践中达到良好的效果，首先就应该在课程标准的理念中摒弃学生的被动角色。当前大学课程的实施都是围绕着专业、教学大纲、教科书这种典型的知识授受型教育。教学的直接效果体现在大学生对相关知识点的了解、掌握和运用的熟练程度，学生始终扮演着被动接受者的角色。认识论下的大学课程观强调学生是学习的主体，是知识的探索者，同时学生也是教师的主体。师生关系应从传统的授受关系向对话交流的关系转变，所以课程的教学方法中应该改变单一的以讲授为主的形式，增进师生交流。同时，学生的学习自由应该得到充分的尊重，学生在一定范围内有权利选择自己的学习内容、学习进度、学习手段，有权利参与教师对自己的评价，有权利对学校课程的开设提出可被采纳的建议，所以建设课程标准应充分考虑学生的角度，反映学生作为实践主体的成长过程。

其次，将课程着眼于教师身上。教师作为课程的实践主体，想应重新把握课程，就必须摆脱教学计划、教学大纲的束缚，有自己教学的自由，重新构建课程标准，课程应该是基于自由教学理念下的教育实践。当然，这样的自由也有一定的范围。具体来看，就是应该有制定大学课程相关政策的权利，能根据培养的目标，在课程开发中有自己的发言权，即能决定课程的难度和种类、课程间的分配和衔接，在课程中教什么、怎么教的应该是教师自己的事情，只要言之有理、持之有故就应该成为学生的选择项，大学课程丰富的内涵就蕴含在教师对知识的不断探索和创新的实践之中。所以课程标准编制时要突出教师课程教学的主体地位，发挥他们的主观能动性，以课堂为基础在实践中把握课程。

第三，基于学校作为实践主体大学课程应该强调课程的管理功能，高校应该关注如何促进教师更好的教、学生更好的学。过去在经济计划体制下，大学的课程往往都是国家大一统的课程，没有基于学校或地方的特色来开设课程。然而这种教学计划在现实中的容易空洞化和形式化的。所以，以改革求发展是大学谋求发展的重要举措。课程改革必然成为大学改革的主要内容。当前的课程改革主要就是体现在高校这个层次上的，所以高校应积极主动的进行课程改革，充分调动学生和教师的积极性，根据学习的自身特色来进行课程标准建设。

最后，必须认识到国家作为实践主体在大学课程中的地位。大学课程的设置应该从国家的需要出发，把握人才培养的方向和质量，为大学更好的培养人才。国家应该将给予高校更多的自主权利并落实到位，保障高校、教师、学生的课程当前的大学课程建设的多种实践主体权利博弈的结果。由于计划经济的传统观念导致了现下实践主体间的权利失衡，造成了国家过于强势，大学、教师和学生作为实践主体能动性的弱化。大学在大一统的课程面前成为高级专门人才的"工厂"，教师成为手捧统一教学大纲、教学计划的"工人"，而学生则成为学教材、背教材、考教材的"产品"。显然这种大学课程观念有悖于大学自身发展的逻辑和规律。

所以当下的商科专业教育需要我们依据实用主义教育理论和能力本位教育思想，现代课程理论从课程的内在要素入手，通过结合高等教育的大众化背景，转变传统的精英教育理念，并结合哲学的观点考虑课程实践主体的积极性，真正地将学生学习、教师授课、高校对课程的管理统一起来，各司其职，提升高校的商科专业教育质量。

第二节　商科专业课程的演变历程

一、我国商科专业的演进

（一）"商"学术表述的变迁

"商"的概念起源于交换，随着交换的发展，"商"的学术表述也经历了复杂丰富的过程。

1. 古代

远古原始交换形态的物物交换，以及以货币为媒介的简单商品流通，其交换不以营利为目的，尚未体现"商"的属性。第三次社会大分工后，产生了专门从事商品交换的部门——商业。商业以盈利为目的，专门作为商品交换媒介，其交换形式为"货币—商品—货币"，是发达的商品流通。这一时期，商业的主要特征是贸易和交易，业务范围是流通领域。

2. 近代

近代科技的快速发展，科技成果的生产力转化迅速，进入社会化大生产时期，生产者演变为生产商。生产商不仅从事商品生产，而且从事商品流通。商的行为在延伸，商的范围在扩大，呈"无业不商"状况。商业活动的领域逐渐扩展到商品的生产、分配、交换和消费的各个环节，对社会经济、政治、文化等产生全面影响。

3.现代

新中国成立后，特别是改革开放后，在社会主义市场经济条件下，随着现代企业制度的建立，商业活动更为频繁，商业发展更为稳健"商"的范畴更加广泛"商"的概念极大扩展。20世纪60年代之后，"商"介入公共行政管理和社会领域。互联网技术的发展，电子商务的兴起，又进一步扩充了"商"的内涵。

（二）商学的演进

商学概念不但提出很早，而且在不断地发展变化。在历史的长河中，其演进经历了三个阶段。

1.起源

中国历史中，小农经济自给自足、市场分割，商业长期受"重农抑商"政策影响，总体上不发达。然而，商业演化的历史过程中，尤其是明清时期，商品经济发展，产生资本主义萌芽，相应地,商学形成两种存在方式：一是师徒制;二是记载经商之道的古籍，在民间广为流传团。

2.雏形

19世纪40年代，中国进入半殖民地半封建时期，经济社会急剧变化，在洋务运动和维新运动背景下，1896年，盛宣怀用认为，中国既无商学，又无商律，无商学则识见不远，无商律则办事无所依据。建议政府兴办商学，开设商务学堂，培养商科人才。1901年，晚清政府在京师大学堂设立商学科。1904年，盛宣怀创办南洋高等商务学堂，是中国首所商科高等专门学校。民国初年，民国政府教育部颁布《大学令》，规定大学中设立文、理、法、商、医、农、工七大学科，商科为七大学科之一。

3.成长

新中国成立至今的70多年，商学的发展从新中国成立时的初创时期到1998年及之后的专业结构调整时期，如今的商学具备三个主要特征：其一，涵盖范围广，涉及专业多。以金融、会计、经济、管理四大专业为代表，以金融、工商管理、会计、市场营销、商务类（国际商务、电子商务）、物流、经济学、人力资源管理八大门类为核心，商学应用经济学的学科性质已清晰；其二，学科体系已形成。构筑了核心专业群、骨干课程群和名牌学校群，学科支撑体系已健全；其三，商学人才培养进入繁荣期，形成专、本、硕、博商学人才培养体系。

（三）商学与商科

商学是商业上应用之学问。《辞源》把"商学"定义为"商业上应用之学问，如商业专门学校及大学商科之各学科皆是。"它涉及商科大学与商业相关的各个学科，包括经济、贸易、管理、投资、金融、财会、审计、统计等学科相关内容的学科泛称。商学的"学"，指的是学问，某一门类系统的知识（学科），商学即商业门类的系统知识。商学之学问，其内涵侧重内容、体系与教育，与商科可以混用；其外延则侧重门类、科研与学科定位，与商科概念一致。

（四）学科与专业的异同及对商科的启示

1. 二者异同

学科门类和一级学科是学科建设和人才培养的基本依据。2011 年，国务院学位委员会、教育部颁布《学位授予和人才培养学科目录》，明文规定学科门类和一级学科范畴。2012 年，教育部明确本科《专业目录》分为学科门类、专业类和专业三级，与研究生学位的学科门类、一级学科和二级学科相对应。

（1）学科与专业的共同点。

首先，密切相关，相辅相成。大学由学科组成，学科是大学的核心，学科可细化为专业，专业又是一组课程计划。专业建设和人才培养以学科建设为基础，大学遵循"院系设置—专业开设—人才培养"模式，其逻辑关系为：先有学科，其次设立专业，最后培养人才。因此，专业以学科为依托为后盾，学科的发展又以专业为基础。

其次，都是知识分类的产物。学科、专业都是知识分类、科学细化和知识体系构建的结果。《国际教育百科全书》指出，大学最初是围绕哲学、医学、法律和神学四种学科建立起来的。随着高等教育的发展，学科研究越来越深，知识分类越来越细，加上不同国家认识上的差异，导致各国对学科、专业的划分既有共性又有特性。

最后，都体现出一种制度安排。基于知识分类而建构的学科研究与专业人才培养，其内涵已经有了制度的含义。在处理政府与学校的关系、学校与市场的关系、学术民主与学术自由的关系等都体现出一种制度价值取向和规范化运作，在学科研究和专业建设的进程中，遵循客观性、历史性、强制性与正规化、封闭化、划一化等，其实质都是在强化这种制度安排。

（2）学科与专业的不同点。

首先，范畴不同。学科有特定的研究对象和领域，也有自身的理论体系和独特的研究方法，而专业则是由培养目标、培养方法和课程体系等构成。通俗地讲，学科指向科研，侧重于科学研究，专业指向教学，侧重于人才培养。

其次，评价标准不同。学科指向科研，所以学科发展如何，衡量和评价的依据是科研成果，发表论文篇数、科研项目、学科点建设、举办与参加国际性会议次数等都成为学科建设成就的评价指标。而专业的评价标准则是由毕业的学生数、毕业生年薪、高端人才比等指标构成。

最后，影响因素不同。在社会需求影响学科与专业的同时，科学技术自身的逻辑对学科的影响更大，信息技术的演进和互联网的快速发展，带来了技术融合和范式裂变，进而促进同一学科发展衍生出线性学科群、相关学科群、交叉学科群和应用学科群，学科群的出现是科学技术对学科的影响以及学科研究越来越细，知识越来越交叉融合的体现。而专业的发展还受教育理念的影响，由于理念的不同，由原来的专业教育思想即"专才"教育向通识教育思想即"通才"教育转变。

2. 启示

全面认识学科与专业的共同点与不同点，目的在于厘清关系，把握重点，紧跟时代步伐，在新产业革命背景下，思考商科专业建设的新思路。

（1）树立商科研究的战略思想。

从全球视野和国内视域看"工业 4.0"、工业互联网、"中国制造 2025"等新工业模式的实施，将引发国际分工新格局；"一带一路"倡议、创新驱动、网络强国、五化融合等已成为中国国家发展战略。所有这些，既是中国商科研究的机遇，同时也给中国商科研究提出新挑战。"工业 4.0"偏重"硬件"，工业互联网偏重"软件"，"工业 4.0"提出要实现信息互联技术与传统工业制造相结合，打造"智能生产"与"智能工厂"，形成在全球范围内创新资源、优化配置的全球创新网络。中国已经布局自己的创新网络，主动融入基于创造互动、平等开放、参与共享的全球网络，积极探索中国商科研究、专业教育与国际工业界、国际教育界的融合创新，树立融合"自然—科技—经济—社会—人类"五位一体的共生发展理念，打破学科传统模式，顺应创新研究与教育范式转型，超前布局新产业革命需要的新专业，构筑服务国家的人才发展战略。

（2）坚持商科专业的国际标准。

中国的商科教育，从推进国际化程度、提升国际话语权、确保教育质量、加强国际竞争力等视角看，都很有必要加入商科教育国际认证体系，置身于学科发展战略，立足于世界范围，朝国际化、高水准、高起点方向发展，促进东西方商业文化交流，从容站在国际平等交流、共同切磋的平台上。

（3）立足国情，研究中国经济问题。

改革开放 40 年，中国经济腾飞崛起，已成为世界第二大经济体，中国的新兴市场和中国的发展令世界注目。中国已形成中央政府控制重点产业及大型央企、地方政府主导特色区域发展的经济格局。经济全球化趋势下，新兴区域经济体已成为引领世界经济的主要力量。在此背景下，用国际化标准研究中国自己的区域经济问题，作为商业知识的总结者和传播者，成为观察商业的窗口和商业思想的策源地，培养新时代的产业领军人物，商科责无旁贷。

（4）建立新的商科教育范式。

研究新的学科范式是商科建设和改革的重点任务之一。20 世纪 90 年代，教育范式与学习范式被提出。现阶段，需要重新思考商科教育范式的根本性、系统性转变，以应对当前全球化、高科技和社会发展的挑战。

二、专业教育课程的发展

（一）引入与设置

19 世纪末，我国专业教育处于萌芽阶段，专业教育改革路径主要体现为课程规划，即从西方引进最基础的专业课程。天津西洋中西学堂的课程设置中可以看出四年基础课程之后的专门学已分为工程学、电学、矿务学、机器学与律例学五个专业，每个专业都设置了定向课程。

20 世纪初，1903 年天津中西学堂改名为北洋大学堂，分法律、采矿、土木工程等专门科，此时法律科的课程主要包括国文国史、英文（兼习法文或德文）西史、生理、天文、大清律例要义、中国近世外交史、宪法史、宪法、法律总义、法律原理学、罗马法律史、合同律例、刑法、交涉法、罗马法、商法、损伤赔偿法、田产法、成案比较、船法、诉讼法则、约章及交涉法参考、理财学、兵学、兵操等。从课程设置上看，此时的"法律科"的课程相较之前的"律例学"已经全面了很多，虽然分的科类不多，很多课程也没有开出，但专业教育的发展与进步还是能体现出来的。

1904 年《奏定大学堂章程》正式颁布，标志着中国现代学制雏形的建立，它是京师大学堂的第三个章程，规定大学堂分为八科，每科又分为若干门并对每门的课程进行了详细的规划。

《奏定大学堂章程》中对每个学门的课程设置进行了详细规划，包括各个课程每周的课时数（当时称之为钟点数）。从课程规划中能看到学科、专业及课程设置的影子，有些课程的名称仍与当时保持一致。另外，在课程设置中还规划了实习与实事演习活动，如第一年安排了 18 个钟点的计划制图及实习；第二年与第三年分别安排了 22 个钟点的计划制图及实习，以及钟点数不定的实事演习。从这项对学生的专门训练教学活动中也能看出当时"专业教育"培养高级专门应用人才的理念。《奏定大学堂章程》为后来我国高等教育的发展奠定了基础，建立了中国现代学制的雏形。

（二）系统性改革设计与实施

十一届三中全会以后，教育部组织力量从专业设置和课程设置两个方面对高等学校教学工作进行了恢复和改革工作。首先修订了专业目录和进行了专业调整，从根本上改变了"文革"期间专业设置混乱的局面，推进了专业名称科学化、规范化。在专业调整方面，主要是拓宽专业口径，加强新兴、边缘学科的专业建设；恢复和增设了一批文科、财经、政法类专业；专业种类大幅减少，由 1980 年的 1 039 种减少到 1986 年的 826 种。

1989 和 1997 年我国普通高等学校本科专业目录分别进行了第三次和第四次修订。第四次修订是在科学、规范、拓宽的原则下，在经过立项研究、分科调查论证、总体优化配置、反复征求意见的基础上形成的。新的专业目录分设哲学、经济学、法学、教育学、文学、历史学、理学、工学、农学、医学、管理学 11 个门类，下设 71 个二级类，249 种专业。

1985 年，中共中央颁布《关于教育体制改革的决定》，首次明确指出要扩大高校办学自主权，决定指出："高等学校有权调整专业的服务方向，制订教学计划和教学大纲，编写和选用教材；有权接受委托或与外单位合作，进行科学研究和技术开发，建立教学、科研、生产联合体。""改革教学内容、教学方法、教学制度，提高教学质量。""要针对现存的弊端，积极进行教学改革的各种试验，如改变专业过于狭窄的状况，精简和更新教学内容，增加实践环节，减少必修课，增加选修课，实行学分制和双学位制。"此决定的颁布，对高校"专业教育"的改革与发展具有决定性的意义，顶层设计与基层开展探索的局面逐渐打开，各高校开始进行积极的自主性试验与探索，高校"百花齐放"的场景逐渐呈现。另外，决定还提出了"增加选修课"的指导思想，这也反映了当时"专业教育"理念开始发生变化。

20 世纪 90 年代末期，北京大学提出"加强基础、淡化专业、因材施教、分流培养"的本科教学改革方针，强调本科教育要注重基础知识、基本素质的培养。这个方针成为此后北大教学改革的基本指导原则。1999 年初，北大确立了"低年级实施通识教育，高年级实施宽口径专业教育"的本科教育改革目标。2001 年 9 月，北京大学颁发了《关于实施本科教学改革计划——元培计划的决定》的文件，并成立元培计划管理委员会，推进全校范围的本科教学改革，同时开设元培计划实验班，进行新人才培养模式的实践。2002 年，北大修订了新的教学计划，在全校本科生范围内实行自由选课制度。

清华大学在 2009 年初将经济管理学院确定为全校本科教育改革的试点，探索和尝试改革。经管学院提出了本科教育改革的三个支柱：实施作为本科教育基础的"通识教育"，启动针对高年级本科生的"优秀人才培养计划"和重视培养学生的"批判性思维"。2010 年将"通识教育"与"个性发展"相结合的整体思路确定为经管学院本科教育改革的方向，并针对这个方向进行了改革方案的设计与实施。为促进学生个性发展采取了五项措施：一是设计"任选课"，保证学生有足够支配的时间，自由选择课程；二是开设多层次的基础技能课，如英语口语课和写作课分别开出 A 组和 B 组，数学课开出 A 组、B 组和 C 组；三是开设新生研讨课，在大学一年级开设十余门新生研讨课并要求学生选择一门；四是创造了更多的第二学位或辅修第二专业的机会；五是针对大三、大四学生推出"优秀人才培养计划"，包括优秀学术人才培养计划、优秀创业人才培养计划和优秀人才领导力培养计划三个方向。

北京大学与清华大学在本科教育领域的改革一直是我国高等教育的标杆、先行者。从他们的改革措施可以看出，专业教育理念的实施主要还是体现在课程的设计上，然后根据课程设计来修订培养方案、教学大纲。

2012 年，为贯彻落实教育规划纲要提出的适应国家和区域经济社会发展需要，建立动态调整机制，不断优化学科专业结构的要求，教育部对 1998 年印发的普通高等学校本科专业目录和 1999 年印发的专业设置规定进行了修订，形成了《普通高等学校本科专业目录（2012 年）》和《普通高等学校本科专业设置管理规定》。新目录分设哲学、经济学、法学、教育学、文学、历史学、理学、工学、农学、医学、管理学、艺术学 12 个学科门类，专业类由修订前的 73 个增加到 92 个；专业由修订前的 635 种调减到 506 种。新目录分为基本专业（352 种）和特设专业（154 种），并确定了 62 种专业为国家控制布点专业。

2020 年 2 月，教育部在 2012 年专业目录的基础上，发布了《普通高等学校本科专业目录（2020 年版）》，形成最新的本科目录，增补了近年来批准增设的目录外新专业，新增备案专业 1 672 个、审批专业 181 个，调整 47 个，同时撤销了 367 个专业点。这次增设的专业都已经列入相关高校 2020 年本科的招生计划中。

三、商科专业课程的改革与发展

我国现代高等商学教育起步虽晚，但商学发展的历史悠久。早在 1931 年就有我国商科课程研究的相关文献资料。随着经济的发展和商业活动的繁荣，特别是 2001 年 12 月正式加入 WTO 以来，国内学者越来越多关注商科的发展，从 21 世纪初，相关文献不断增多，研究的深度和广度都有进一步发展。

国内关于商科课程标准建设的研究成果总体来看数量很少，有关于课程标准的研究几乎都停留在基础教育阶段，大学课程标准的研究主要还是一种自发状态的研究。这主要是由于新中国建立后，全面学习苏联，高校形成了人才培养目标、教学计划、教学大纲和教科书的传统大学课程观念，而目前有关高等商科课程标准建设的文章几乎一片空白，只有小部分涉及经济类和管理类具体课程的相关文献资料。

当前国内商科课程标准建设体现的仍然是精英教育的课程理念。当前的研究也没有考虑课程标准建设所处的高等教育背景的转变，没有将商科课程标准建设的理念应立足于大众化教育阶段，课程标准构建上仍然是参照了传统精英教育的模式，对师生教与学的方方面面进行硬性规定，缺乏必要的弹性，和传统的教学大纲其实并无本质性差异。在这种思想的影响下，直接导致了教学过程只重视单一的知识视角，忽略了师生主体的视角，忽视了师生作为课程实践活动中的主体地位。

当前有关商科课程标准建设的研究视角较为混乱，对课程实施的实际指导意义较小。首先，大多数研究是以某门商科课程存在的具体问题为立足点，这类研究在对某一高校或者课程某一具体问题针对性较强，但是高校的选择、课程问题的选择往往并不具有代表性，对国内高校商科教育的普遍实际指导意义较小。第二，还有一些研究立足在商科课程的在宏观规划方面，这类研究从商科的历史发展历程展开，采用历史研究法对商科的发展进行梳理，探讨商科未来发展的趋势，给出的政策建议多为商科的宏观规划，对于商科课程的指导过于宽泛，对课程标准建设的指导意义也不大。最后，国内有关商科课程标准建设有借鉴国外商学院办学经验的倾向。由于国外高等商科教育比较先进，当前国内的研究很多都会借鉴国外一流商学院的办学经验，以此对国内的商科课程标准建设给出一定的借鉴，这肯定是有益的。但是值得注意的是由于国内商科办学水平本来就参差不齐，只顾借鉴国外一流高校的办学经验并不一定能够解决实际存在的问题，所以有时针对性不强。

国内有关商科课程标准建设的研究已经有了重视信息化技术手段的意识，部分学者开始思考大数据给商科课程建设带来的影响，国内部分高校甚至已经开始重视网络平台的搭建。

四、商科专业教育课程的设置

（一）商科课程的课程理念

培养什么样的人，是国家发展的要求。课程理念是课程的灵魂，体现了国家发展的要求。课程的理念是对该门课程的性质、设计理念、开发思路的一种介绍，是对课程的性质、地位、功能等方面进行的定性描述。

当前的商科课程理念存在弊端，即原有的精英教育模式难以满足大众化教育阶段的现实诉求。我们商科课程设置的理念没有转变过来，还停留在计划经济时代的精英教育模式。精英教育强调一流顶尖的教学内容和师资队伍配套设施，强调较高的学术性，往往比大众化时代有着更加严格的标准和要求。但是这样单一的学术标准质量观对于当前大众化背景下要求高等教育为经济社会服务的需求来说有很多不适应的地方。例如普遍反映的学生动手能力较差、创新思维和能力不够、专业设置死板，这都是精英教育理念下的通病。

1. 树立大众化职业化的课程理念

传统的商科课程是以知识的传授为主，强调知识的理论性，缺少启发与思考，忽视学生个性的培养，也很少在正常的课堂教育中培养学生的创新能力，在实践环节上没有科学合理的量化学生的培养标准。所谓优秀的学生只是能熟练掌握本专业的理论知识的专业人才。但是商科的实践性非常强，要求学生有较强的经济分析能力和管理能力。所以我们所学的商科课程与社会的需求相脱节，所学非所用。当大学生毕业踏入工作岗位的时候发现自己并不能将理论知识运用于实践，也就是学生的专业性强，职业性弱。

2. 突出"课程——学生消费论"的新兴课程理念

如果我们将大学看成一个生产者，那么课程就是大学提供的核心产品，学生就是大学课程的消费者。所以高校有必要转变思想，树立服务的意识，提高课程教学的质量，更好地服务于学生，办学生满意的教育。当前国内高校很多都将注意力集中在教育的外部条件上，如建校区、建大楼、请大师，而没把课程建设放在第一位，忽视了课程才是高校为社会提供的最有价值的产品，提高课程质量才是高校提升教学质量的最有力保证。所以，高校应该围绕学生这个消费者的需要，不断地对课程进行建设与管理，始终将课程标准建设放在核心地位。这就是我所提倡的"课程——学生消费论"观点。

3. 强调"学生——社会消费论"的新兴课程理念

大学往往有两个产品：学生和课程。刚刚我们提到，课程是高校为学生提供的产品，而学生则是为社会提供的产品。商科课程不仅具备很强的理论性，更具备很强的实践性，学生归根结底还是要在岗位上进行实践，所以我们课程理念应在"进校积累式学习"这种走一步看一步的模式的同时引入"就业前素质培养"，即针对社会的需求，回头审视当前的商科课程建设，高校在商科课程标准建设上，有针对性的参考用人单位、毕业学生和地方政府的反馈意见，以社会需求为标杆，提升学生的竞争力，提升本校的商科课程特色。

总之，商科的课程理念不仅应要求学生熟悉经济管理的基本方法规则与政策法规，具有较强分析和解决工商企业经营管理实际问题能力，还应突出学生的实践能力、创新创业能力。高校要充分考虑学生作为消费者的需求，提供高质量的产品给学生，同时学生也应根据社会这个消费者需求的转变，提高自己这个"产品"的竞争力。大众化教育背景的转变，我们必须摒弃传统的精英教育模式，突出课程的应用型、职业性和地方国际化特色。

（二）商科课程的课程目标

当前国内高校商科课程目标的设定有其自身特点。

首先，在商科课程目标的结构上，国内高校大致相同。查阅国内大多数高校的网站，可见商科课程目标一般都是分为总体和具体两个目标层次进行描述，而具体目标是设定上，国内高校一般也是从知识、能力和素质三个方面进一步阐述。

其次，商科课程目标在内容上总体目标趋同，具体目标笼统。首先，总体目标就是根据商科课程理念所传达的课程精神，是对商科课程学习预期结果的综合概括。商科课程总体目标强调了商科课程的理论性与知识性，同时也会对该门课程培养的人才规格进行描述。如当前江西财经大学某商科课程的总目标就是培养知识广博、目光远大、善于沟通与合作、勇于开拓、富有创新思维，并能够在经济全球化环境下从事工商企业管理的综合型、应用型中高层管理人才。在商科课程具体目标的设定上一般可以归纳如下：素质上要求学生做到爱国守法，保持高度具有高度的社会责任感和较高的文化素养；知识上要求学生掌握较为宽广的现代管理理论、经济理论和系统的工商管理知识；能力上要求有较强的实际工作能力，包括解决问题的能力、沟通和协调能力、领导能力、决策能力和创新能力。不难看出，这样的商科课程具体目标在内容上过于笼统，而缺乏对商科课程实际指导，特别是没有结合不同高校的自身特点制定课程目标。

最后，商科课程的目标还应体现出人文关怀和高校自身的特色。首先，高校商科课程目标的设置应结合未来学生的就业与生活，这样既实现了对学生的知识理论教育，也在教育中体现了对学生的人文主义关怀。这更是从另一方面强调当前的商科课程目标并不止步于培养商科理论知识方面的专才，更要围绕学生未来的生活和就业，提高他们在工作中适应社会变化的能力。商科课程并不仅是职场的培训场所，更有着形成学生思想、重视文化传承、强调自我提升的重大意义。另外，课程的知识体系应和企业人才需求的方向紧密结合。高校培养的人才最后还是要输送到企事业单位中去的，商科人才的培养大多数是为企事业单位培养经济管理方面的人才，所以高校应变被动为主动，关注用人单位的关于经济管理人才的录用条件和员工职业发展的路径，追踪毕业学生的就业工作情况，建立毕业生就业的反馈机制，按照市场经济的要求促进教学的开放性和针对性。这样高校可以在社会这个大消费市场上找准市场的需求方向，打造竞争力强的特色"产品"，真正以社会评价树立高校商科教育的"金字招牌"。

（三）商科课程的课程内容

1. 商科课程内容选编的原则

课程内容在选择过程中需要遵循一些要求，这也就意味着对于课程内容的选择不是随心所欲的，而是有着严格的程序及相应的要求的。不同的研究者由于各自不同的理解，提出了各不相同的课程内容选择的原则。

（1）必须以课程目标为依据。在很大程度上，课程内容体现了课程本质观。人们对课程内容的性质、类型、广度及其呈现方式的认识不同，导致人们对课程本质的理解明显不同于课程内容的制定，必须围绕课程目标而制定，为课程目标服务。

（2）兼顾课程内容的重要性和全面性原则。首先一门课程包含的内容应该尽量地全面丰富。但由于第一课堂教育的时间往往有限，我们在选择课程内容时应该选择那些最为重要的内容。

（3）是通识教育内容和专业教育内容相结合原则。由于国情差异，与国外商学院重视通识教育不同，当前国内的高等教育课程一般根据年级不同划分为两个阶段：低年级重视通识教育课程，高年级重视专业教育课程。一方面，只有具备了社会生存所必备的共同的知识技能，才能立足于社会。如上文所述由于未来的商科人才应该是应与国际接轨，是全球通用的高级人才，所以加大通识教育是商科发展的趋势；另一方面，每个人是不同的个体，只有具备不同素养的人才才能更好地服务社会，在不同的岗位都能满足社会的需求，促进社会的进步发展。所以，将通识教育和专业教育相结合来确定我们人才培养的规格，的确是非常重要。

（4）适应社会发展的原则。学生在校的学习是为了适应社会的发展，因此，在选择课程内容时，就必须要考虑到社会的现实和未来需求，帮助学生更好地适应以后的就业和生活。

2. 课程内容的制定

课程内容标准包括学习领域（单元）与各个领域（单元）的学习任务、知识要求、能力要求、素质要求、授课形式和学时安排等。教学内容水平代表着大学的教学水平。只有先进的教学内容才会提高课程的水平，陈旧的教学内容是对高等教育资源的一种浪费，也是对学生时间的浪费。最终检验学生学习成果的还是工作岗位中的表现。

商科课程的内容的应该避免完全的迎合用人单位的需要。商科课程由于实践性强，目标设定上应该有倾向的关注社会的需要，关注用人单位提供的人才需求及其标准。但用人单位大部分招聘都是根据工作岗位的现实需要，招聘有解决该方面能力的人员。他们往往考虑的就是毕业生的专业方向和岗位的匹配性，而不会较多的考虑学生未来的职业发展规划。所以课程内容如果完全演变成"岗前培训"，就会失去商科课程的学术性和理论性，失去了文化传承的意义，这样会直接降低商科课程质量，商科学生的综合素质的下降，大学的存在也失去了意义。

（四）商科课程的课程实施

商科课程的实施一般包括对师生的要求、教材的选择、教学方法、教学手段、教学环境等内容。提高商科人才培养的质量，归根到底都要落在在课程的建设和具体组织实施中去。

1. 教材的选择

教材集中体现了课程的内容。这里的教材不仅仅指课本，也包括参考资料、课后练习以及与本课程有关的一切学习资料。首先，在商科课程实施上，教材就像是引路灯，很大程度上影响着教学的质量。由于商业活动的频繁，商科学习内容可以说是瞬息万变，所以教学应该及时汲取最新的商科理论研究成果，摒弃那些罗列陈旧的观点的教材。学校应定期更新所选的教材的选择，教师也要及时补充最新的理论知识。其次，教材的使用应参考学科带头人、教师的意见，可由他们进行推荐，再由学校的教研部门进行核准。除了指定的教材外，还应推荐5本左右的国内外一流高校使用的教材作为教师教学的有益参考。同时教师对每门课程都应该编制教案，且对于重复使用的教案必须有补充和更新的内容。最后，教材的选用应符合国家的相关规定，符合本校培养人才的规格。

2. 教学的手段和教学方法上

当前关于商科课程教学方法和手段的多元化意识相比以前有加强。随着当前科学技术的发展，特别是在教育应用方面的普及，各高校纷纷提倡多元化教学方法和手段。比如大部分高校确实实现了从教师"一根粉笔，三尺讲台"的黑板板书到多媒体课件的教学手段转变，课程的学习也强调从课堂上转到课堂下。这可以看作是现代教育理念中素质教育和以学生为中心观念的加强。但在仍然存在一些落实不到位的情况。比如在课堂教学中，仍然以教师讲授为主，师生的互动性不强，课堂气氛不活跃，也没有充分运用网络教学的资源。

（五）商科课程的课程考评

这是课程标准建设中的重要一环。考试的目的在于了解并促进学生的学习，检测学生对于所学知识的理解程度和应用能力，也是评价教学成果的主要方法。常见的考核方式有笔试、课程论文、课后作业、课堂表现、单元测试、案例分析等。

目前，国内的商科课程的考核方式较单一，大多数仍以笔试为主。这是由于笔试的方法简单易行，也比较容易量化学生的成绩，显得公平公正。但是不是所有的内容都可以量化评价的，若只考虑量化的评价方式，必然就会导致部分内容没有计入考评范围，从而影响了考评结果的科学性。再加之由于商科课程实践性强的特殊性质，所以考试的方向应该向多样化进行转变，考试内容应注重向综合能力考核的转变，考试制度注重多种考试形式相结合，如增加课堂表现、课后作业、单元测试、课程论文等形式，引导学生重视基本专业有注重综合素质能力的提升。

其次是重视学生在商科课程学习过程中的考核。考核应该从单一的终结性评价向重视过程性评价和诊断性评价转变，重视单元考试、期中考试、期末考试等学生在整个学习过程中的考试。例如在日常的教学过程中，可以以知识点为单位，每个知识点都要配套练习；以章节或单元为单位进行单元测试；学期中为了检测学生的学习效果安排一次中期考核，适时调整教学或给小部分学生特别的指导；在课程结束后进行期末考试，引导他们注重平常的学习和积累。

最后是评价主体应向多元化发展方向。①应该肯定教师为核心考评者的地位。在课程教学的过程中，教师是课程教学的实施者，他们对教学每一个环节的感悟最深，也对学生的学习情况最为了解，相较其他人来说，他们能为学生的学习情况和课程的教学提出实质性的建议和评价。②学生也是作为被考核者也是课程考核的重要组成。应该重视学生在学习中的地位，让学生参与评价，通过学生自评、学生互评的方式，提高学生的积极性。③同时由于他们对课程教学的感悟最深，对于课程教学的优缺点有真实的体会，所以让他们参与对课程的考评也是非常重要的。

哲学的观点认为整个物质世界是各种要素相互作用的结果，事物发展的终极原因是他们之间的相互作用。商科课程标准的内在要素间的相互关系决定着商科课程的发展方向。所以，想要构建商科课程标准，必须以商科课程标准的内在要素为切入点进行分析。

第三节　商科专业群建设的内容

一、整合财经商贸类相关专业

财经商贸类专业建设虽然已经做了很多改革工作，但还存在单一专业运行的情况。商科院校要建设专业群，就要科学合理地划分现有的专业，了解跨学科的行业需求，专业群中要包含相关专业，专业不能局限在现有的学院中，可以整合院系之间的相关专业，构建专业教育的专业群，共享专业群之间的资源，扩展专业发展。在产教融合和校企合作方面，通过加强与和合作企业的交流共享，建设适合商科专业和行业发展的新商科专业群方案。

二、促进新商科专业群人才培养

新商科类人才培养理念推动新的教育教学模式改革。新商科人才培养是基于新商业特征，各校要根据实际情况及时对人才培养结构做调整，创新培养内容与培养载体，扩展专业内涵与外延，对人才培养规律与培养方法做反思，探索跨专业的专业群建设模式和教学研究方法。在新商科专业群建设的指导下，开展相关专业人才培养方案建设，改革教学模式和评价模式。

三、新商科专业群课程体系建设

开展新商科专业群课程体系建设，必须围绕大商科职业服务领域，做职业岗位调研，做精细化的职业能力分析，并形成新商科专业群岗位能力分析报告；围绕职业岗位群工作领域，重构专业群平台课、专业模块课程、群选修课程，专业间形成彼此联系、开放共享的课程体系；遵循高校人才培养成长规律和尊重学生认知特点，科学合理设置不同阶段课程内容；群专业平台课程数量占全部专业课程门数比例一半以上，群选修课程门数占全部选修课程比例一半以上。

建立校企合作、共享的课程和课程资源开发体制，及时更新课程内容，调整课程结构，深化多种模式的课程改革。超过70%的群平台课程有辅助教学资源（讲义、技能学习手册等）；联合行业企业共同开发专业课程教学要求。所有课程均有完善的课程标准或教学要求；根据技术领域和职业岗位（群）的任职要求，引入职业资格证书或技术等级证书，把职业岗位所需要的知识、技能和职业素养融入相关专业课程；建设涵盖教学设计、教学实施、教学评价的数字化专业教学资源，群平台课程中，群资源课程占比例为一半以上，5门以上数字化资源课程，2门以上省级及以上优质资源共享课程；重视校合作项目化教材的开发工作，形成专业群内各专业相互渗透、共享开放的教材体系，开发校级课程教材10本以上。

规范执行课程标准和课程教学要求，学生思想品质、文化素养、职业素养目标达成度高；有科学规范的课程管理制度，开齐开足开好国家和省规定的课程，教学进程安排科学有序，教学资源配置合理高效；有完善的教材选用和开发制度，公共课统一使用国标、省标教材，专业课、实践课按要求使用国标、省标教材，使用率80%以上；建立了完善的校、系二级教学质量监控体系，有效把控教学质量。

四、开展共享型双师师资队伍建设

在团队结构、团队素质、团队专业带头人方面分别开展工作。群专业教学团队成员数与本专业群在籍学生数比达到1:30以上；群专任专业教学团队成员必须全部是本科以上学历、研究生学历（或硕士以上学位）；群专任专业教学团队成员要有高级职称，获得高级职业资格，获得技师以上职业资格或相关专业非教师系列中级以上技术职称；或获得有关行业执业资格；行业、企业兼职教师占群专业教师比例20%~30%，均具有中级以上技术职称或技师以上职业资格证书，还要具有高级职称或高级技师执业资格。

高校要围绕专业群建设，单独制定适合新商科专业群的专任教学团队（含兼职教师）规划，明确专业群教学团队目标任务、政策保障、经费保障和考核评价。

五、积极开展实训基地建设

（一）加强实训软环境建设

商科院校要以培育和提升学生职业能力为出发点，制订系统完善、科学合理的校内实训管理制度，规范校内实训行为；大力推进实训方面的教育教学改革和科学研究工作，完善校内实训内容，提升校内实训教水平；大胆引入第三方评价机制和体系，按面向社会的标准客观评价学生职业能力水平、检验教学效果，引导校内实训教学规范化，促进学生就业创业能力的提高；积极引入企业经验、挖掘专业文化、营造职场氛围，潜移默化浸润式地培养学生的隐性职业智力技能，形成各类职业自觉行为，帮助学生实现高质量就业。

（二）加强实训硬环境建设

商科院校要加大资金投入，引进与生产经营相配套的实训设备，建设真实的生产经营环境建设实训场所，以企业经营方式管理实训过程，促进校内实训的生产化；要通过各种途径培育一支与企业生产经营一线紧密相连的师资队伍培养专职，引入兼职，专兼并重，促进实训师资队伍的实战化；要积极开发构建以企业生产经营岗位为参照的实训课程或实训项目，提高课堂教学与企业生产的关联性，促进实训课堂岗位化。

（三）加强校企合作的深度和广度

不管是国外的先进经验的借鉴和还是个案的分析研究，都充分说明在校内实训环境建设中，校企合作起着至关重要的作用。商科院校要积极通过加强学校与企业的合作，深化产教融合，强化企业在校内实训环境建设中的主导地位。通过借助企业的力量，为商科职业院校解决好校内实训环境建设的经验技术、评价标准、师资培养、课程建设、资金运营等方面的问题，有效促进校内实训环境与企业生产经营环境相对接，全方位培育和提升学生的职业能力。

六、开展职业技能培训和社会服务工作

商科院校由于其特殊的专业属性和人才培养，需要更多地培育学生的隐性智力技能，引导他们从大量间接的知识经验中吸收和内化为职业知识技能，形成特有的职业意识、职业习惯、职业精神等职业自觉行为，满足就业岗位的需要，促进顺利就业和高质量就业。在这个过程中，构建一个与人才培养目标和社会人才需求相配套职业技能培训体系。

第五章 商科专业实践教学体系的构建

实践教学一直是高校培养人才的一个重要途径，商科专业建设中更离不开实践教学体系的构建，通过借鉴国内外高校商科专业建设的经验，更好地培养学生的创新意识和创新能力，为我国经济发展和社会进步培养复合型人才。本章分为实践教学体系构建的原则、典型高校商科专业实践教学体系建设的经验借鉴、国内高校商科专业实践教学体系建设的经验借鉴三个部分。主要包括：实践教学体系的定义及内容，实践教学体系构建的以学生为本、系统性、开放性等原则，国外典型高校如德国 FH、英国等商科专业实践教学体系建设及借鉴经验，国内如浙江大学、山东经济学院等商科专业实践教学体系建设及借鉴经验等内容。

第一节 实践教学体系构建的原则

一、实践教学体系的定义及内容

（一）实践教学体系的定义

1. 体系

体系就是由若干相互关联的事物或某些概念相关联的事物构成在一起，形成的一个有机的、相互制约的整体。体系就是在特定的规则下，将某种活动中的所有因素相互关联在一起，并按照一定的模式进行有序运转。

2. 教学体系

教学体系就是教学最优化的方式体系，是将教学过程的所有基本成分进行最优化方式的综合，如任务、内容、条件、方法、手段、形式、结果等，它们并且不是彼此孤立的算术总和，而是相互联系、缺一不可的有机整体。

3. 实践教学

"实践"是一个哲学术语，源于古希腊的 praxis，基本定义是行动、行为，这个是与理论相对应的。对于商科高校，实践教学指的是教学过程中的所有实践环节如实验教学、实训教学、实习教学、课程设计、毕业设计（论文）等相关内容的统称。在整个人才培养中，应该始终将实践教学贯穿于整个实践教学的理念中。

4. 实践教学体系

实践教学体系是从系统论的角度出发，将实践教学过程中各个环节因素整合在一起来进行研究的对象。实践教学体系有广义和狭义之分，广义的实践教学体系，研究主要内容包括实践教学全过程中的目标体系、内容体系、管理体系、保障体系等几个方面。

狭义的实践教学体系主要指的实践教学内容体系，即高校在围绕人才培养目标制订计划时，通过将课程设置和实践教学各个环节内容（实验、实习、实训、课程设计、毕业设计、创新制作、社会实践等）进行合理配置[①]，设置出的实践课程与理论课程不是对立的，而是相辅相成的。有些学者从实践教学内容体系的某个因素对其进行研究，如有的学者认为，优化和创新实验等实践课程设置，才能从根本上提高学生的综合实践能力；另外一些学者则认为，积极构建和完善实习基地的教学模式，才能保证学生的创新意识和实践能力得到很好的锻炼；还有一些学者认为重视高校的毕业设计的创新研究，才能确保应用型本科高校培养的毕业生具有更强的应用性和实践性的特点。

广义的实践教学体系涵盖的对象要比狭义的实践教学体系更泛。如果说狭义的实践教学体系研究的是一个点，那么广义的实践教学体系研究的是由多个点构成的一个面，其主要内容包括整个实践教学活动过程中的目标、内容、管理和质量保证等要素。纵观参考文献发现，有些学者围绕实践教学目标、内容、管理、保障、评价等五要素去研究，认为应该通过构建校政企地多方合作关系，来完善实践教学体系。另外一些学者认为，应用型本科高校应该从实践教学的目标、内容、监控、师资保障四要素进行研究，构建既符合自身特色的、又能发挥培养应用型人才的实践教学体系。还有些学者则从系统论的观念出发，构建出了实践教学的目标体系、内容体系、质量评价体系和支撑体系[②]，只有各个子体系的有效运行，才能达到实践教学体系育人的成效。

① 俞仲文等. 高等职业技术教育实践教学研究 [D]. 北京：清华大学出版社，2004.

② 安玉雁. 应用型本科实践教学体系的构建及运行 [J]. 职业技术教育,2012,33（23）：47-51.

（二）实践教学体系的内容

1. 实践教学目标体系

实践教学目标体系指的是"各专业根据人才培养目标和培养规格的要求，结合专业特点制定本专业总体以及各个具体实践环节教学目标的集合体，它是实践教学应达到的标准"，主要包括实践教学体系的总目标以及根据素质和能力划分而形成的子目标，有专业认知目标、专业技能目标、综合应用能力及素质目标。整个体系里，目标体系处在核心位置，某种意义上制约着其他子体系发挥作用的大小，驱动着整个系统的运转。

2. 实践教学内容体系

实践教学内容体系主要涵盖教学层次划分、环节设置、应用型课程开发、教学方法探求这几部分。其中，本研究中实践教学层次的划分遵循一定的规律，由简及繁、由低级到高级，依次包括基本技能培养、专业技能培养、综合应用能力培养三个层次。实践环节主要分为实验、实训、实习、课程设计、毕业论文（设计）、社会实践，环节设置时遵循由易到难，大学四年不断线原则。应用型课程的开发要注意综合考虑政府、企业以及学校的影响，以求课程的适用、创新，有利于实践能力培养。内容体系属于整个体系的运行系统，其优化有助于整个体系的良性运转。

3. 实践教学管理体系

实践教学管理体系起反馈、调节作用，由组织机构、人员、规章制度、手段方法以及对实践教学质量的监控、考核组成。与理论教学相比，实践教学具有很强复杂性，这是因为实践教学中所要管理的物件设备多、人员复杂、教学场地差异大、教学过程调控难度大，而且相对于理论教学管理来说，实践教学管理没有很成熟的经验可供借鉴，大多数院校尚处于摸索状态。

4. 实践教学保障体系

保障体系，顾名思义对实践教学质量起到保障作用，保障是否有力直接关系到教学效果的好坏，它主要由双师型师资队伍、实践教学基础设施及基地等组成。这其中，建设一支既熟悉理论教学又有丰富一线工作经验的专兼职教师队伍，对保障商科院校实践教学体系的良好运行意义重大。

（三）实践教学体系的重要性

1.高校实践教学的重要组成部分

实践教学在高校推进本科教学内涵式发展战略中起着举足轻重的作用。对于高校来说，就应该加强对实践教学体系的构建和完善，摒弃传统的"重学轻术"的观念制约，精简理论教学内容、增加实践操作内容，将知识与能力培养更好结合起来，建立相对独立又与理论教学有机结合的实践教学体系。

2.培养创新性和应用型人才

当代高校尤其是商科高校实践育人目标是为了培养创新型人才，更好地服务社会和地方区域经济发展。高校应该依托校内实践课程、校外实践教学基地，让学生通过实验、实训、实习等实践活动，进行基本技能、应用技能、创新技能训练，从而达到培养创新性人才的重要目标。

3.提高高校教学质量

高校要提高本科教学质量，应该从科学合理的构建实践教学体系入手，逐步提高学生理论和实践知识的综合运用能力和实践技能，从而提高学生就业率，确保应用型本科高校教学质量的有效提升。

4.服务地方经济发展

高校要更好地培养地方经济社会发展的应用型人才，应该建立更加完善的、适应现代社会的实践教学体系。突出学科特色，构建不同层次的实践教学体系，使得实践教学体系与经济社会发展融合，促进校政企地产教融合，增强高校服务区域发展的核心竞争实力。

二、实践教学体系构建的原则

实践教学体系构建的过程中要有一定的原则可循，这样才能保证商科院校的实践教学有明确的要求和目的。

（一）以学生为本原则

高校教育中必须坚持以学生为本的原则，这不仅是现代社会的重要理念，还是促进高校发展的重要原则。商科院校伴随着高等教育大众化、互联网、大数据等的发展而产生，"00"后大学生群体呈现出多样化的个性发展趋势，学生的学习能力和学习兴趣等方面也逐渐显现出差异。高校实践教学中药尊重学生的个体差异，满足学生不同的学习需求，培养高素质的专业人才，设计多层次、多样化的实践教学内容，提高实践教学的质量和效率，构建完善的实践教学体系。

（二）系统性原则

商科院校作为向社会输送此类人才的主体，在构建实践教学体系时要紧紧围绕着这三个方面，以应用能力和综合素质为核心，使各个组成部分相互协调、相互配合、相互补充、相互促进。体系构建还要考虑到教育教学规律，全面掌握受教育对象的学习特点，遵从简单到复杂、基础到综合的顺序，分阶段、分层次进行。另外，实践教学体系服务于应用技术型人才培养方案，因此要自觉按照方案的总体规划构建，形成系统性。

（三）开放性原则

实践教学体系构建中的开放性原则，主要包括办学定位、教学内容、教学形式、师资队伍和教学评价的开放性，在国际竞争和合作背景下构建专业发展和学生的培养，树立国际意识，教学过程中要关注行业的发展前沿动态，积极开展产教融合的人才培养模式，构建专兼结合的师资队伍，教学评价中纳入行业企业、社会的评价，真正做到实践教学多方面的开放性。

（四）前瞻性原则

这是指实践教学体系在培养高素质应用型人才方面必须具有先进性。随着科技的发展和科学成果的更新，社会对不同人才需求的变化在加快，商科院校要想培养出的人才适应社会经济的发展需求，就必须要不断更新实践教学的课程内容、教学方式、训练项目等，这样培养出来的学生才能够适度超前为未来服务，具有前瞻性。

（五）协调性原则

这是指构建科学的实践教学体系，高校需要协调处理好以下五个方面的关系，即教师主导与学生主体的教与学关系、通识教育与专业教育的融合关系、理论与实践教学的相辅相成关系、课堂内教学与课堂外教学的融通关系、结果考核和过程考核的全面评价关系。

（六）特色发展原则

对于商科院校来说，最关键的就是能够在办学中体现出自身特色与优势，而结合学校人才培养方案与内涵式发展道路，最能彰显特色的就是实践教学。商科院校坚持特色发展原则就是要"围绕学校的人才培养特色、学科专业特色和服务面向特色等因素综合考虑"，"充分挖掘学校自身的资源优势和利用学校外部的资源优势"。在实践教学内容选择上要强化优势项目、优势学科，把优势培育成学校特色，在课程实践、专业实践、社会实践的基础上不断更新教学内容，探索新的实践教学方法。

（七）适应地方经济发展原则

地方经济的转型升级需要大量具有技术应用能力和技术创新能力的人才，地方商科院校作为地方学校，办学资源大多依赖地方，因此就要立足于当地区域，并积极创造条件融入地方经济发展中去，为地方输送急需的专业性人才。在构建实践教学体系时，商科院校要考虑到适应地方经济发展需要，科学制定目标任务要求，给学生搭建多样化锻炼平台，"着重培养学生'将理论转化为技术、将技术转化为生产力'的能力"。针对区域地方的产业结构调整，适时改革实践课程，并随之优化教学方式方法，与地方经济发展对接。通过实践教学做好教学、生产、科研的结合，为地方经济发展注入新鲜"血液"。

三、实践教学体系的研究现状

（一）实践教学体系的现状

大多数学者是从工程科技、哲学与人文、经济与管理、社会学科等不同专业领域对实践教学体系现状、问题进行研究。通过对现状进行研究，学者们普遍认为应用型本科高校实践教学体系还不够完善，如专业目标制定不明晰，人才培养方案缺乏针对性和系统性，实践教学内容缺乏针对性和前瞻性，双师型教师指导实践时间不足，实践教学质量评价体系不完善，实践教学管理人员的监督不到位，与校外实习基地合作流于形式。

还有些学者从实践教学体系发展成效出发，通过对应用型本科高校实践教学评价结果进行分析，认为目前应用型本科高校实践教学体系存在主要问题：实践教学监控机制还不够完善，实践教学各个环节的考核方式仍然比较单一，很多实践教学质量考核都停留在对各种实践教学文件的检查敷衍上，没有形成科学合理的实践教学质量评价体系。

少数学者是以某应用型本科高校为实证，深入分析其实践教学体系中的目标、内容、管理、保障、评价等内容，从而提出完善对策或供同行借鉴的宝贵经验。如陈裕先通过对新余学院实践教学体系进行系统分析[①]，提出当前应用型本科院校实践教学体系面临的主要问题：顶层重视程度不够，实践教学各环节内容在培养学生能力上还缺乏有效的联动机制，实践教学过程的管理乏力，质量评

---

① 陈裕先.地方应用型本科院校实践教学体系的现状分析及革新——以新余学院为例 [J].新余学院学报,2015,20（02）：5-10.

价体系单一，没有健全的保障体系。何练等通过对吉林大学珠海独立学院实践教学体系发展成效进行分析①，认为实践操作能力是高校应用型人才培养的重要途径，应该将其贯穿于实践教学的目标、内容、管理和评价等方面，这样才能最大化发挥实践教学体系在高校实践育人中的作用。

（二）完善实践教学体系的对策

专家学者们对应用型本科高校实践教学体系完善对策的研究成果基本都是从实践教学体系的广义含义去理解，具体从以下三个方面研究。

一是微观角度出发，对实践教学体系进行分析，提出各种完善对策。有的学者认为应该从实践教学体系的目的出发、围绕课程建设、质量评价体系去构建产教研融合的实践教学体系。还有的学者认为要构建完善的实践教学体系，应该创新实践教学平台，加强校内实验、实训基地建设，改革与校外实践基地的合作模式。还有些学者认为，应该从制度建设、资金投入、教师队伍建设和考评体系入手，去构建和完善实践教学体系。

二是将实践教学体系的内涵式发展与社会发展需求相结合，提出完善对策。这些专家都普遍认为，要完善实践教学体系必须遵从创新性、特色性、实践性这三个原则，构建不同层次的实践教学体系，将课内课外、校内校外实践教学环节相结合，形成学习—实践—再学习—再实践的实践教学模式，从而进一步完善实践教学体系。

三是从不同研究主体视角出发，积极构建实践教学体系新模式。大多数学者是从学生和教师的视角出发，在"本科＋技师＋工程师"人才培养框架下，提出应该从整合实践教学资源、改革实践教学模式、完善实践教学管理等方面出发，去提高应用型本科高校人才培养的质量。少数学者是站在教学管理者视角出发，认为高校要不断完善实践教学体系，应该将自身特色和人才培养目标相结合，这样才能更好地让毕业生直面就业市场，切实提高毕业生的就业竞争力。

四、实践教学体系构建的突破点

（一）更新认识——实现教学观念的转变

构建实践教学体系要实现观念方面的突破，淘汰落后的观念，与时俱进，实现观念的转变、创新。

---

① 何练，孟凡欣，姜雅芳，费凌. 应用型本科院校实践教学体系的构建与完善——以吉林大学珠海学院为例 [J]. 亚太教育,2016,4(06):202-203.

1. 教师观的转变

传统教学被看作由教师向学生的单向信息流动过程，教师将教材内容加工整理后传输给学生，学生处于被动接受地位。这种传统的教学理论过于强调教师主导作用，忽视学生能动性，学生的创新思维以及通过亲身实践获取知识的积极性受到钳制，个性和能力的发展受到压制。而与此相较，在"实践中心"导向下的教学理论中，教师所扮演的角色就发生了转变。教师不再是纯粹的"知识掌控者"，对知识不再具有垄断地位，学生具有建构自身知识的权利，能够在实践活动中积累经验，构建自身知识结构体系，教师仅仅在学生需要指导时给予帮助，扮演"学习促进者"角色。

2. 学习观的转变

在认知理论观的引导下，学习更多的是一种发生在学生内部的认知活动，学生主要是进行一些文字、符号层面的理论知识学习，而实验、实习等实践内容只是作为辅助。认知理论虽然承认情境因素对学生学习的影响，但认为这种影响仅仅是外在的，且微不足道，这种缺陷造成了学校教育独居于社会现实之外，知识陈旧且更新速度极为缓慢。于是，学习理论研究的重点也不得不随之发生变化，由认知向情景转变。情景理论注重社会现实，它认为认知能力培养虽然很重要，但是如果与社会实践脱节，认知就是虚无缥缈、毫无用处的，所以主张学习要通过实践来进行，个体知识结构要与外在环境适应，保持不断更新。

3. 课程观的转变

传统的课程观以学科课程为代表，在很大程度上带有预设性意味，这时候的课程内容被细化为具体学科，形成一套自成体系的理论。实践教学体系之下的课程观，传授学生理论知识固然重要，但更应该培养学生实践能力、创新能力。实践课程强调教学内容的生成性，通过实践教学方法和教学手段来掌握知识、技能技巧，强调通过行动来建构经验体系。在实践导向课程观下，教学是师生之间平等的对话，尊重学生的兴趣和能力，接纳冲突和矛盾，寻求多样性的观点。

（二）突破传统思维限制——构建实践能力培养的有机整体

商科院校要有一套成熟的体系，要有科学合理的实践教学体系，这样才能培养学生的实践应用能力和实践能力。究其原因，主要是理解实践教学的内涵时沿袭了传统思维，仅仅从教学活动层面来把握，而没有将其作为一种教育理念。如果将实践教学仅作为一种教学活动，其内涵就有所缩小，仅仅包括实践教学、见习实习等一系列教学环节。当实践教学作为一种教育理念贯穿于教学全过程时，蕴涵这一理念的各种教学形式、教学活动、教学环节以及教学手段等等，就构成了实践教学的外延。实践教学体系就具象为一个内容丰富、形式多元、结构完整的大框架，这样才能突破传统思维限制，将实践能力培养的各个环节整合起来，构成一个完善整体。需要注意，将实践教学理解为一种教育理念并不排斥其作为一种教学活动而存在，实质上将其做具体分析后，它还包含一系列子要素如：实践教学环节等，这时候"实践教学"被理解成一个动词短语，指一种教学活动。

（三）破除时空界限——创建全面参与实践能力训练机制

1. 突破时间限制

创建长流水、不断线的全学程实践能力训练体系。对商科院校来说，培养学生应用实践能力是一个持续过程，只是在每个阶段对学生能力培养的侧重点有所不同。要认识到能力训练具有历时性特点，在制定训练方案时按照基本技能、专业技能、综合与创新技能这一顺序统筹安排，使能力训练划分为不同阶段并能连续起来，贯穿于学生学习的全过程。

2. 突破空间限制

对内要实现全员参与学生应用实践能力培养，对外要把整个社会资源纳入进来。在学校内，要打破部门分割、各自为政的桎梏，加强承担实践教学任务部门、人员之间的协调合作，建立切实可行的实践教学运作方案。健全制度措施，要建立切实有效的监督约束机制，明确各自的目标、任务和职责，形成一个人人参与，各部门协调行动的实践能力训练机制。学生实践能力的培养要突破空间限制，充分利用社会资源，如：学校与企业、行业等社会组织开展深入合作交流，争取与一些力量比较雄厚的单位合作共建实践基地，从合作单位聘请经验丰富的技术人员作为学校兼职导师等等。

第二节　典型高校商科专业实践教学体系建设的经验借鉴

一、德国 FH "企业主导型"实践教学体系及经验借鉴

（一）实践教学

应用技术型大学的德文简称是 FH，它的产生极大地满足了德国经济快速

发展的需要，为社会培养了近三分之二的工程师和一半的专业技术人才，与此同时，FH 独特的实践教学模式也吸引了越来越多的目光，得到了很大的关注。

为了培养学生的技术应用与开发能力，德国的 FH 非常注重实践教学，以企业作为主导是其实践教学模式的显著特点，我们将这种特色概括为"企业主导型"实践教学。首先，FH 对新生入学有限制，基本上要有一定时间（一般为 6 个月）的企业实习经历。没有相应企业实践的学生，一般需要一定时间的企业实习才能进入应用技术型大学。其次，新生进入学校之后根据学校安排接受系统的实践训练，这一过程也与企业联系紧密。

在此，以汉诺威应用技术型大学的机械制造专业为例来介绍其实践教学的特色。该专业修业年限 4 年，总共 8 个学期，其中两个实践学期都要在企业进行教学。第一个实践学期为第 6 学期，学生到相关企业熟悉机械制造基本流程，掌握生产过程的基本技巧。第二个实践学期为第 8 学期，这一次企业实践与上一次有所不同，主要采用顶岗形式，学生不仅仅是作为一个旁观者观察具体生产流程，更要作为一个参与者来真实地体验、操作。最后是 FH 对学生考核、评价，特点也是有企业人员参与其中。企业指导老师也作为实践教学质量评估小组的成员，他们和学生的校内指导老师相互配合，为学生的实习表现以及实习成果出具相关证明。

FH 不仅实习环节与企业联系紧密，其他实践教学环节甚至理论教学也与企业保持着密切联系。平时在理论教学方面，为了使学生能够迅速牢固地掌握知识，增强课程内容与社会实际的衔接，教师多半会结合一些企业生产案例讲解。在科学研究方面，FH 也会与企业开展合作，从关系到企业生产或者是经营销售的难题、困惑中选择研究项目，开展应用型研究，这时 FH 也是企业创新发展、提高生产效益的"智库"。

在优化教师队伍结构，强化教师整体素质这一块，FH 最大的特色是强调教师的实践能力，注重教师企业工作经历。FH 对学校专职教授聘请很严格，应聘者要具有教师与工程师双重素质。要成为 FH 专职教授，不仅要有高校毕业文凭（通常要求博士学位，艺术类专业除外），还要有杰出的教学才能，要在"在科学知识和方法的应用或开发方面具有至少 5 年的职业实践经验，其中有 3 年在企业"。另外，FH 还鼓励教授与企业紧密合作，每 4 年可以申请一次 6 个月的学术假，到企业进行调研了解企业生产情况。除了专职教授外，学校还聘请一些工程技术人员作为兼职教师，在兼职教师聘请上，学校看重的不是学历而是丰富的实践经验，这些教师长期工作在生产、管理一线，能够及时把最新的生产管理技术补充到教学中，这样就能够有效避免教材内容老套以及由不及时更新造成与市场需求不符的缺陷。另外，兼职教师的补充还有助于增进学校与企业的联系，为产学合作提供契机，有利于学校从企业获得资金支持以及学生就业。

德国的职业技术教育在世界范围内处于领先地位，另外值得一提的是，这种"企业主导"实践教学模式的成功很大程度上得益于德国政府支持。政府在校企合作中扮演着重要角色，通过建立体制、机制，提供优惠条件，颁发制度、文件，建立行业培训咨询委员会等方式，密切学校、企业之间联系，使企业能够并且在为社会输送应用技术型人才过程中起到不可或缺的作用。

（二）经验借鉴

德国通过实施"企业主导型"的实践教学，明确了人才培养的目标，学生不一定有扎实高深的理论知识，但确有独立从事职业岗位的技能；企业在实践教学中有重要地位；实践教学过程中强调教学内容的实践性和操作性，充分运用企业的实际案例引导学生，接受跨学科的实训培训；政府通过各种学校和学校企业相关的法律来规定企业、学校和个人在共同执行实践教与学方面的具体责任和义务，让产学之间的相互合作制度化，为 FH 实践教育模式的顺利开展提供保障。

二、英国"资格证书导向型"实践教学体系

英国的实践教学以职业资格证书推动进行。目前，英国已经建立比较完善的资格证书体系，主要包括国家职业资格证书（National Vocational Qualifications，NVQ）、普通国家职业资格证书（General National Vocational Qualification，GNVQ）和普通教育证书（General Certificate of Education，GCE）。这其中，NVQ 主要面向在职工作人员，依据申请者工作能力凭证评估颁发，而 GNVQ 主要在职业学校中推行，是一种"为培训、继续教育和高等教育打基础的教育"，一般来说，经过一段完整 GNVQ 课程学习之后，学习者可以熟练地掌握工作中所必须具备的常用知识，能够运用一些基本的职业技能。NVQ 和 GNVQ 涵盖大部分职业领域，划分不同的技术等级，每个等级又详细规定该等级的技术能力标准。NVQ、GNVQ 和 GCE 三者之间各成体系又相互联系，各种证书之间按照一定条件可以互换。

这种由职业资格认证推动实践教学的模式，到现在已发展的比较成熟，也有它独具特色的优势所在。"除了有助于为政府的职业资格认证制度提供参考外，更多是以结果的角度对实践教学过程提出了要求"，为应用型大学确定

实践教学内容提供了标准，促使学校将实践教学与社会生产实际结合起来，确保学生实践技能训练的针对性。比如，对于 GNVQ 来说，每一个 GNVQ 都对应着一个职业领域，并且都规定了相应的职业等级，都有详细的职业技能要求以及严格的评分标准，学校可以按照对应的 GNVQ 来设定教学内容、方法以及确定适切的评价标准。学生在学校经过实践训练之后，有利于考取相应的 GNVQ 证书，为以后无论就业还是继续接受教育都打下坚实基础。

英国"资格证书导向型"实践教学呈现出一些特别之处：第一是以能力为基础。职业资格证书是一项技术能力证明，是一种对能力的资格认定，而以职业资格证书为导向的实践教学是按照资格证书所设定的能力单元、能力要素及具体操作要求进行的，必然也会呈现出重视能力的特征；第二是强调从做中学。国家职业资格认定强调在工作中锻炼实践技能，注重在实践中学习，在实践中增长才干，因此与之对应的实践教学必然强调在做中学；第三是注重效果。对学生实践成绩的评定主要取决于其在具体任务中的现实表现、工作效果等。

三、加拿大"能力中心的课程开发型"实践教学体系

加拿大"能力中心的课程开发型"实践教学模式（Competency Based Education，CBE），传统的课程内容编写比较重视保持理论知识的固有体系，而加拿大的这种模式则是强调课程编写要以能力为中心，分析工作岗位实际要求掌握哪些知识与技能，并且以此来开发课程、确定教学计划进度、开展管理等。

根据 CBE 模式确定实践教学内容有一定的程序。第一步是，形成 DACUM 专门委员会，在确定了要分析的某种职业以后，聘请一些长期从事该职业且实战经验丰富、热心教育事业的专家形成专门委员会，人数在 10 至 12 人左右；第二步是，根据所选定职业做出具体而详尽的分析，从而得出从事此种职业所需哪些综合能力以及专项技能，最终形成一个图表，图表内容涵盖具体任务及其相应工作领域、评价标准等；第三步是，依据 DACUM 图表划分教学单元，单元内容按照由易到难的顺序排列，按照逻辑体系将若干单元组合成一门课程，然后从所确定的课程中详细划分类别，最终确定教学计划。第四步是，选择将要使用的教学方法以及根据教学内容敲定合适的评价方案。通过以上分析可以看出，加拿大 CBE 实践教学的开展比较规范，有着严格的步骤程序划分，而且实践教学与社会具体职业相对接，对学生实践能力的训练有很强的针对性。

CBE 实践教学在运行中有如下特点：首先是以能力为本位。CBE 实践教学以职业能力分析为基础，培养目标、评价标准的制定要以实践能力为中心，学生实践技能经过考核并予以认定的，可以适当缩短学习时间；其次，学生

主体，教师主导。

CBE 强调学生在学习中勤于发挥主观能动性，要经常对自己的学习过程、效果做反思评价并找出可以改进的地方以便总结提高，教师作为学习的"引路人"，在学生实践能力锻炼中起指导、辅助作用。最后，"教""学"方法灵活多样。CBE 模式支持学生选择符合自身特点且高效的"学的方法"，而教师则要依据学生学习程度的不同选用相应的"教的方法"。

四、芬兰多科技术学院实践教学体系

（一）专业与课程设置面向行业需求

多科技术学院的专业设置不同于以学科理论架构为基准的传统大学，其专业设置充分考虑区域社会经济发展的现实需求。多科技术学院的热门专业集中在商业管理、技术通信、卫生和社会服务等市场需求旺盛的行业领域。比如媒体、设计、信息技术、紧急救护、社会福利等。

课程的设计与具体组织实施由各个学院自主进行，利用调查问卷、咨询委员会、校友会、教师与企业界的合作关系等多种渠道收集信息，并邀请企业代表参与学生事务管理，以充分掌握翔实可靠的行业需求信息。

（二）教学目标以满足学生职业生涯需求为基础

这所学院对人才的培养内容既有商科专业的核心课程和专业课程，学生也可以根据自己的学习需求选修课程，安排实习和毕业设计，根据学生不同的要求制定适合每个学生的学习规划，学生有很多参与教学活动的机会，学校积极采取措施增强学生职业生涯规划的科学性。

（三）高度重视师资队伍建设

芬兰教育部采取了一定的措施，建设师资队伍。

一是提升原有师资的业务水平。芬兰教育部通过为期五年的特殊过渡期以帮助他们掌握新的知识技能，并为其提供各种培训。

二是引入行业专家。芬兰教育部会引入来自各个行业、各个岗位的专家作为校外讲师，保证学生在学校就能获得最前沿的行业信息，学习各位专家的岗位技能，同时加强校企合作。

三是鼓励教师参加国际交流。通过"教师交换"项目的实施，提供更多的国际交流机会，开拓教师的国际视野。

（四）应用型科研服务地方经济发展

学院强化学生职业岗位和职业生活的训练，在行业发展的同时也更多地服务地方经济的发展，学院积极鼓励学生参与地方区域的经济发展和创新；政府也加大对学院基础建设的投资，扶持学院在科学研发。多科技术学院通过高素质应用型人才培养和应用型科学研究的推动，积极参与区域经济发展，很多学院引进并开展了多项应用型区域发展项目，实施效果良好。

（五）全方位开展校企合作

在服务行业发展和地方区域发展的基础上，学院积极促进高校与相关行业企业的合作，一方面为学生提供实践、实习的场所，另一方面也为企业发展带来了新的活力。学院校企合作的内容非常丰富，为学生提供实习场所，为毕业设计选题和写作提供了丰富的素材；深层次的国际校企合作，也为学生提供了具体项目的实习和毕业设计。这些系统的校企合作服务项目，拓展了教师的教学范围，提高了教师的实践能力。

（六）启示

（1）学院通过实践教学课程和实操的训练，培养一批高素质应用型人才，学生具有创新思维和职业技能，以研究的眼光观察事物。

（2）建设高水平的实践教师队伍。芬兰教育部为多科技术学院教师提供了各种培训项目，并引进了各岗位的行业专家，他们有着丰富的行业实践经验和指导能力。

（3）重视学生毕业设计。

（4）重视实践教学管理。芬兰多科技术学院对于实践学分有强制性的修学要求，并且芬兰教育部对多科技术学院评估中也非常重视实践项目。

五、对我国商科专业实践教学的经验借鉴

（一）设置实践能力培养的课程

杜威指出，如果思维和学习方法没有联系，那么学生在学习的过程中就不会产生高效率的学习。为此，国外高校在实践教学过程中一直非常重视并鼓励教师对实践教学课程、实践教学方法和手段进行改革。在整个实践教学活动中，教师通常根据教材内容确定要求、向学生布置学习内容，在这个过程并不断引导学生应用理论知识去解决问题、讨论问题或进行反思，这样学生就会发展积极的学习技能影响他们的思维因素。国外高校通过这种方法的不断实践，确保

了学生在校期间有足够的时间和精力参与到实践教学相关活动中，从而达到全面培养学生基础知识和专业技能的目的。

加拿大与许多其他国家一样，初级护理教育计划已从医院转移到大学和学院环境。作为一门实践性强的特色基础学科，它需要学生有足够的理论和实战经验，以便他们能够更好地将基础知识和技能应用在以后的工作岗位中。为解决其护理学生实践难的问题，加拿大维多利亚大学和不列颠哥伦比亚大学奥卡纳根分校，通过对高校护理专业学生的实践教学模式进行研究分析，建立了教师指导实习、校企合作教育、学生勤工俭学、本科护士就业等十种实习合作模式，实现了学生课堂上、模拟实验室、校外医院三个地方进行学习，从而获得足够的护理学术理论知识和现实实战经验，提高了高校实践教学质量。

美国南卡罗来纳大学，为了更好地鼓励教师创新实践课程、改革教学方法和手段，提高学生对实践教学的兴趣，每年会通过学校的大学教学卓越中心（CTE）提供资金，组织哲学、新闻学与大众传播、商业和技术教育、公共卫生、土木工程和社会工作等几个专业的教师进行探究式教学（IBL）创新比赛。探究式教学（IBL）是指学生在课堂上，通过"询问""调查""讨论""反思"而形成的一种主动学习的方法。这种教学方法可以很好将理论教学与实践教学相结合，培养学生的批判性思维，从而更好地提高实践课的教学效果。

澳大利亚的高等教育发展得非常迅速，其成功的经验告诉我们，高校实践教学应该始终将学生置于实践过程的中心地位，并注重将实践教学各环节课程的整体性，利用当前行业中实践能力强的校内外教师参与到课程的设置和对学生实践能力的培训中，为学生提供高质量的学习体验。这样激励学生的有效地参与并完成课程内容，促进学生获得职业岗位成功具有重要的意义。像澳大利亚悉尼大学，为了培养实践能力更强的地质专业学生，将专业课程设置与人才培养方案不同阶段的目标相互衔接起来，基本实现了实践课程与理论课程的课时达到 1 ：1 的配置，每门课程都安排了一个协调人和任课教师组成的教学团队，并将课堂实践、课后讨论和团队协作等内容纳入实践课程考核中，以此来提高学生的实践能力。

（二）优化实践教学体系

以上四个国家或者地区的学校都很重视实践教学。实践课程的所占的比重较大。同时在实践教学的具体操作方面，学校也很重视实践环节的完整性、系统性。通常都会安排学生去实际生活中的工作场景去实践。这一过程就是把书本知识灵活运用到实践的关键所在。我国在商科应用型人才培养的实践方面，没有形成系统、完整的实践教学环节。并且很明显的一点是，以上地区和高校的实践教学环节一般是包括课堂实训、毕业设计、实验教学、项目教学等组成部分。

（三）加强实践教育基地建设

以上国家和地区的实践基地基本可以保证和实际的工作环境相互一致。商科应用型本科应当明确其为社会服务的意识，加强实践基地建设，多进行与实际生活密切相关的实训项目，确保教学内容的时代性和应用性。

（四）重视"双师型"教师队伍的建设

国外高校都将学生的实践能力培养作为应用型大学发展的核心动力。人才的培养必须将"教与学"有机结合。"教"的中心就是教师。国外高校都非常重视教师队伍的建设，尤其侧重对教师的专业发展和实战经验的要求。

英国从 20 世纪 60 年代就开始建立教师发展中心，鼓励教师在提高个人职称、职业能力水平的基础上，加强教师"教与学"的培训和具体实施过程的监督，以此确保了教师将更多的时间和精力投入到常规教学改革和实践中，提高教师教学水平的创新，从而提升高校的教学质量。如戴维·戈斯林对英国 40 多个高校中已经成立了教师发展中心（DEC）的高校进行调研后发现，受访者认为"提供教学专业发展"和"师资队伍的专业初步发展"两项，体现了教师发展中心的核心作用。此外，英国牛津大学也在激励推行通过教师发展中心，来实现教师个人和教学能力的发展，从而牢固树立教师的服务意识，提高教师实践教学能力，确保了高校更好地引导和培养学生的实践能力。

新加坡、加拿大等国家的高校在教师尤其是实践教师的聘任制度上非常看重其实践经验。如新加坡南洋理工大学在实践教师的聘任制度上明确指出，实践教师必须是本科以上学历、专业对口、3 年级以上的企业工作经验，而且具有较强的项目开放能力，这样为高校储备更好双师型教师。周发明对加拿大哥伦比亚理工学院等四所高校进行调研，发现加拿大高校非常注重老师的企业工作经验和职业证书资质，如哥伦比亚理工学院在聘用教师时，要求讲师必须具有 5 年以上的企业工作经历并取得相应证书才能录用，如应聘工科的教师至少要有助理工程师等职称。

（五）建立科学的评价标准

加拿大的 CBE 制定了 DACUM 的课程体系，考核方式主要以学生是否掌握了能力作为评价标准，而不是以分数为评价标准。这些经验都值得我们借鉴，商科院校实践教学体系在考核与评价方面，要设计一套既科学又具有可操作性的评价标准，比如在评价标准的设定上可以对实践教学内容提出一系列要求，从而保证实践教学的质量。

（六）加强政企校共建产学研一体的实践教学模式

国外高校都非常重视学校、政府、企业联合办学的理念，在这个过程中形成了学校、学生、教师、政府、企业等多个主体，这些主体围绕学校教学、科研和管理，在政府的协助下，让高校与企业行业之间建立了多元化的合作办学的模式，从而实现高校、地方企业、政府三赢的合作局面。这是非常值得我们借鉴和思考的。

德国高等教育的"双元制"的教学模式受到全世界瞩目，这是因为它通过高校与企业之间多元化的合作模式，让学校、学生、教师、企业、政府等多个合作模式主体参与并受益，从而促进其教育与经济的双重增长。如德国的应用科技大，虽然学生只有 88 万，只占德国大学生总量的 1/3，却培养出了 2/3 的工程师，他的成功案例主要在于其很好地利用其优势专业，在政府的引导和支持下，让企业充分参与到学生的实习、项目教学、就业等实践学习环节中，并形成了"企业向学生提供毕业设计岗位"等八种合作模式，让学生在实践中去获取理论知识，使学生的实践操作能力得到最大限度的锻炼，学生进入职场可以积累宝贵的经验。

日本高校则非常重视校政企合作培养应用型人才，以高校为人才培养的主力军，借助政府统筹规划和企业参与，为学生提供多元化的实践教育环境，如在校内建立仿真实验室，校外甚至是海外建立实践教学基地，以此推进高等教育的可持续发展。

第三节　国内高校商科专业实践教学体系建设的经验借鉴

一、国内实践教学体系构建取得的进步

（一）对实践教学的重视程度有所加强

随着教育部对院校转型工作指导的增多，多数商科院校已经意识到了实践教学的重要地位、功能，以及对院校转型的积极推动作用，对实践教学的重视逐渐上升到了行动层面。商科院校采取了多种措施积极完善实践教学体系。注重实践教学模式的创新，大胆尝试、勇于改革，积极创造条件推进专业与职业

的对接，积极完善实践教学平台，通过校企合作构建校外实习实训基地，建设了大学生创新创业中心和工程试验中心等多个实践平台；实施"双百工程"，选送教师到企业挂职工作、实践锻炼，并从企业引进优秀技术人员、管理人员担任专兼职教师。

（二）实践教学管理逐渐健全

首先，从制度建设来看，制定了相对齐全的实践教学管理文件，建立了比较完善的管理制度，基本上形成了任课教师和实验、实训室专业人员指导下的学生自己动手整理制度。

其次，从实践教学机构设置以及部门分工方面考察，其管理也逐渐完善。大多数院校都设有实践教学、实验设备、资产设备管理部门，实施校、院两级管理办法，校级相关部门负责制定总的实践教学管理制度、年度和学期教学计划，并进行监控，设备管理部门或后勤处负责仪器设备的维护、保养等，院系层次的职责是实施各个专业的实践教学计划。

（三）实践教学基础设施建设取得初步成绩

随着对实践教学重视程度的加强，各高校也结合自身情况，加大了在这一方面的资金投入力度，注重相关配套设施建设。基地建设和实践基地建设基本上能满足教学需要。实践基地是实践教学基础设施的一部分，实践教学在基础设施建设方面已经取得了初步成绩。但同时我们也应该看到，在高等教育大众化形势下，商科院校作为扩招的主体，其在校生人数也急剧膨胀，实践教学基础设施的完善程度还远远跟不上学校发展速度。另外，受经费来源渠道单一限制，学校对实践教学基础设施的投入尚不能满足实际需要，还须进一步加大经费投入力度。

（四）实践教学师资队伍不断完善

首先，学历层次的提高，"一般高校的实践教学人员都达到了本科或本科以上的学历，应用型本科院校更注重教师学历层次的提高，引进了大批年轻的硕士、博士研究生加入教师队伍"。

其次，比较注重引入企业或其他行业组织的优秀技术人员，他们具有丰富的实践经验，能够带来最新的生产工艺或技术知识，对学生能够进行较好的指导。

最后，注重教师实践能力的培训，文科类教师到行政、企事业单位挂职锻炼，理工科教师则是到企事业单位参加项目开发及课题研究。通过到实践单位锻炼，教师的实践能力得到很大提高，而且还能结合工作岗位需求和企业生产实践调整教学内容，改进教学方法，对学生进行更好的指导。

二、浙江大学城市学院经管专业实践教学体系的构建

（一）构建思路与举措

1. 加强顶层设计——科学制订实践教学计划

一是面向需求，充分论证。学院在制订实践教学计划的时候，提前进行市场调研，在市场调研的基础上制订实践教学方案，再通过专家认证，这样才能最终定稿，完成学院实践教学计划的制订。

二是加大实践教学学分比例。学院的商科专业主要有工商管理、国际经济与贸易、信息管理与信息系统等，加大各个商科专业学生实践教学的学分。

三是强调能力本位。学院中商科专业课程和实践教学都围绕提高学生的岗位技能，在基本技能和专业技能的基础上进行实践教学。

2. 整合资源——构建综合实践教学平台

一是建设经管教学实验中心。学院的一个实践教学特色是经管教学实验中心，在这个实验中心下配合各个专业的实践教学。

二是建设校外实践教育基地。校外实践由认识实习、专业（生产）实习、毕业实习、社会实践等环节组成，是实践教学不可或缺的组成部分。

三是促进第二课堂的有机融合。充分利用学科竞赛、学生社团、学生科研等专业第二课堂，作为实践教学的重要组成部分。

（二）实践教学体系的构建内容

1. 实践教学目标体系构建

学院构建的实践教学目标体系如图 5-1 所示。

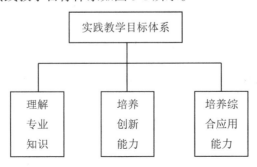

图 5-1 实践教学目标体系

113

由此可以看出，学院实践教学目标体系是逐层对学生进行能力的培养，首先进行专业知识和专业理论的学习，初步树立岗位应用和服务的意识；其次在进行实践教学中将理论知识运用到实践中，培养学生的创新、创业和就业的能力；最后通过对专业知识和专业技能的综合掌握，提高学生解决实际问题的有效性和能力。

2. 实践教学内容体系构建

学院对实践教学内容进行模块化和系统化设计，具体内容如图 5-2 所示。

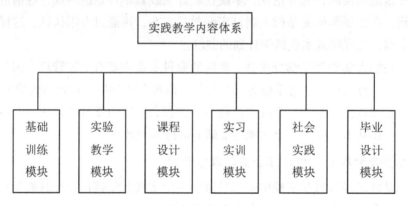

图 5-2　实践教学内容体系

由此可以看出，学院对实践教学内容体系的构建，是按照从简到繁、从基础到应用、从单一到综合的循序渐进的过程，培养学生的专业技术能力，提高学生的通识素养；在实践教学阶段培养学生的科学精神和实际动手能力，开设各类基础性实验、专业性实验和应用性实验；在进行实践教学课程设计中，培养学生的综合解决问题的能力；学院通过校企合作等模式为学生提供了实习和实训的基地，获得了相关的工作技能；学院也会通过社会实践的形式让学生在社会生活中体验，增强学生对社会的认知和适应能力；学生通过基础课程的学习、实习实训和社会实践活动，确定了自己的毕业设计论文的题目和题材，最终出色地完成毕业设计。

3. 实践教学支撑保障体系构建

一是人员投入保障。相对于规范的理论教学，实践教学的个性化指导要求更高，需要具有丰富教学经验和实践经验教师的投入也更多，为保证实践教学的有效开展，必须保证足够的人员投入。

二是经费投入保障。学院要合理加大对实践教学的经费投入，建设高质量、高效的实践教学体系。

三是制度建设保障。健全实践教学的各项规章，为实践教学顺利实施提供制度保证，以确保实践教学顺利开展。

4. 实践教学管理评价体系构建

学院构建实践教学管理评价体系，如图 5-3 所示。

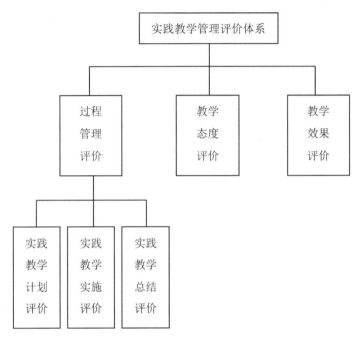

图 5-3　实践教学管理评价体系

由此可以看出，学院对于实践教学评价，从过程管理、教学态度和教学效果三个方面进行，从评价的基础开始促进各个商科专业实践教学的准备、协调，确保实践教学各环节、各项活动顺利实施；实践教学中遵循"以学生为本"的原则，根据学生不同的个性进行指导，这样教师在教学过程中的态度和责任就会直接影响到学生的学习效果，因此要对教师的教学态度进行评价；最后还要对实践教学的各个方面的成效进行评价、考核和判断，这样才能反映教学工作中取得的成绩，同时也能发现教学中的问题，促进实践教学不断改进和实践教学质量提高。

区别于研究型高校以培养学生理论研究和发现规律能力的定位以及职业技术院校以培养学生操作技能的定位，应用型本科经管专业的人才培养，以培养学生运用理论发现问题、解决问题的应用能力为目标。

三、山东经济学院实践教学体系的构建

（一）实践教学体系的构建

学院对于实践教学体系的构建，主要通过教学内容和实验教学平台两大块。

1. 实践教学内容体系的构建

山东经济学院的人才培养目标是培养综合素质的专业性人才，实践教学计划的制订主要通过合理的课程设置和各个实践教学环节两个方面体现。实践教学内容体系如图5-4所示。

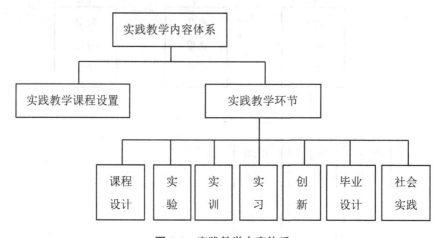

图5-4　实践教学内容体系

实践教学环节的各个教学内容通过合理配置，形成和实践教学理论体系的相辅相成，例如财经类学生借助计算机技术模拟经济管理的工作环境，这种仿真性实验可以弥补学生的职业技、专业实践能力和开拓创新能力；实习、实训让学生进行企业员工的角色模拟和岗位轮换，切身感受工作氛围，锻炼工作能力，缩短学生就业时的适应期，对于实践教学活动的最后一环——毕业论文和毕业设计，学生可以轻易地完成，提高学生的创新创业能力。

2. 实验教学平台化建设

学院构建的实验教学平台如图5-5所示，实践教学平台体系是由相关的软硬件、教学文件、制度规范实践项目构成的，缺少其中任何一个要素，都不能称其为实践教学平台。

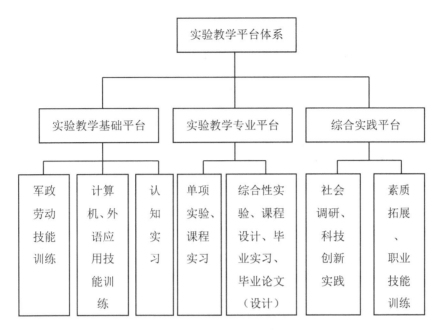

图 5-5　实验教学平台体系

（二）实践教学实施的举措

1. 搭建起科学合理的实践教学课程体系

在学校人才培养方案中，将实践教学环节纳入本科教学的整体教学计划，对实践教学学分数、占总学分比例做出了具体的量化要求，对理论教学和实践教学的衔接进行了整体化设计，并对综合性、设计性实验项目进行了重点设计。实践教学在教学计划总量中的比重逐渐提高。

2. 规范实验教学课程建设

学校高度重视实验教学内容的更新，不断改进实验教学的形式、内容与方法。如会计学院的手工模拟操作、财政金融学院的"模拟股市"以及会计学院、工商管理学院的 ERP 等实验项目，综合了学生所学专业的基本知识，提高了学生的理解、分析、解决问题的能力等。

3. 提高教师实践教学能力和水平

学校定期组织理论课教师、实验课教师开展实践教学研究活动，组织举行实践教学公开课、经验交流、技术培训等活动，强化教师的实践教学意识。学校曾经获得校级立项，有的被评为省级教改项目立项。

4.带动学生科研和创新活动

以科技创新竞赛为龙头，学校建立了一套鼓励学生参与科技创新活动的激励和保障体系，设立了科技创新奖励学分，并通过成立学生科研社团、设立专项学生科研经费、鼓励学生参加教师科研项目、支持学生参加各种竞赛活动等措施，激发了学生从事科技创新活动的积极性，大学生的科学研究水平不断提高。

5.扩大实验室开放程度和范围

为整合资源，提高资源利用率，学校提出了实验室统筹管理，实验项目流程化设计的管理思路，学校要求各实验室积极向本科生开放，学校组织力量按照综合化、流程化设计思路，精心设计了一些综合性实验项目，使学生能够在微缩的系统内部完成一个完整的经济运行环节的实习循环。

6.重视实习基地的建设

在学校内部，各部门积极与相关专业联系，建立了学工在线、网络中心等10个校内实习基地；在校外实习基地建设方面，共建立了浪潮集团、润华集团、建设银行山东省分行等教学实习基地，满足了各专业学生实习的需要。

7.积极开展社会实践活动

学校将社会实践纳入学分制管理，配备专业指导老师，并给予经费支持。学校先后组织校级社会实践服务队和社会实践小分队到全省各地开展社会实践活动，学生踊跃参与。

三、对我国商科专业实践教学的经验借鉴

（一）实践教学目标体系的设计

商科专业要培养学生实践技能和相关技术理论素养，使学生具有较强创新精神，具备快速、准确、创造性解决问题的综合实践能力，并且面对新问题新情况时能够马上适应，具有可持续发展潜力，不同学科专业有不同实践教学目标。

1.知识运用能力

与高职高专相比，商科本科院校对学生理论水平要求较高，要求学生掌握较扎实的技术理论知识，具备较强的知识运用能力。具体来说，应用人文社科及应用理工科人才在知识运用能力这一块，都要求能够灵活地将理论知识转化为技术实践从而解决实际问题。培养学生知识运用能力，首先要明确商科院校

的学生应该掌握哪些知识，具体来说主要有四个方面。

（1）工具性知识。这是必须具备的知识，但要有基本的掌握，能够将较为常用的工具知识熟练地运用到工作实践当中。

（2）人文社会科学与自然科学知识。必须要掌握人类自身、社会以及自然界存在发展的基本规律与基础知识。

（3）专业知识。专业基础知识是本学科的基本理论、基础知识，较扎实的专业基础知识有助于拓宽认识视野。专业方向知识面向职业岗位，是应用技术型人才知识体系的核心。专业方向知识要求学生掌握工作过程性和工作经验性知识，在专业训练中熟悉将来岗位的工作流程。

（4）相关学科专业知识。在社会实践中往往遇到一些复杂多样的难题，单凭某一种方法或者某一学科的知识无法解决，因此需要借鉴相关学科知识的精华，学会融会贯通。为了使学生具有较强的知识运用能力，实践过程中应该在下列三个方面加以注意。

第一，突破传统教学目标认知取向的局限，开发学生知识运用能力。对从事纯理论研究的学术型人才需求不大，迫切需要的是大量具有一技之长且能够为社会经济发展做出直接贡献的应用型人才。

第二，转换知识呈现方式，提供相关知识运用情景。学生对知识的理解掌握在很大程度上受知识呈现方式，也就是呈现情景的影响。知识只有理解才会运用，否则就是死记硬背，即使记住了具体的知识点也很难灵活应用，也就谈不上灵活运用知识这一实践能力的发展。

第三，指导学生学会有意义学习，增进知识运用的灵活性。教师利用原有认知结构建构新知识。经过有意义学习，学生在面临新情况、新问题时，能够很快地从知识结构中调出适合问题情景的认知图式，从而快速有效地解决问题，完成任务。

2. 岗位适应能力

（1）专业能力。这是在具备了通识能力的基础上，在深入学习本专业的学科基本理论、基本知识，并运用到对应的专业基础及专业实验、实训、课程设计、认知实习、专业实习等课程中。专业能力的培养是实践教学的重要目标，为了更好地实现学生专业能力的培养，就应该充分发挥专业实践课程学时多的特点、并将其教学内容与实际工作情况联系紧密，注重专业能力培养的有效性，使学生得到更多专业能力训练，为今后进一步学习其他专业知识打下一个广博的基础。

（2）关键能力。关键能力强调的是一种"适应不同职业环境并取得职业成就的迁移能力"，即使当工作环境发生改变，也能顺利地适应新的工作岗位。

（3）拓展能力。现代社会技术信息更新速度加快，新的职业岗位不断涌现，这就对劳动者的职业能力提出更多要求，要不断学习充实提高自身，才能适应社会发展需要。商科院校要培养学生的终身学习意识，为学生走向工作岗位后能够不断学习进步打下基础。

以上是人才岗位就业能力方面的总要求，具体到学科门类，还有一些差异。应用理工科培养技术师和技术专员，对人才的专业分析能力要求更高。如，在计算机能力要求方面，与人文社科专业相比，理工科要求学生具备更牢固的算法基础以及更强的计算能力。应用人文社科培养的是服务型人才，要求学生具备更强的关注社会现实问题能力，沟通交流能力，运用综合知识分析解决问题的能力。总的来说，不管应用人文社科还是应用理工科，都强调学生的综合设计能力，综合运用能力的培养。

3. 综合职业素质

第一点为基本素质，涵盖基本公民道德，符合要求的思想政治素质，良好的身体心理素质，遵守职业道德规范等等。

第二点为职业素质，如爱岗、敬业、忠诚、奉献等。高素质应用技术型人才还应该具备强烈的职业责任心，在实际工作中的任务往往比较复杂，一个人单枪匹马难以完成，需要多个人组成一个团队分工合作，要有团队精神，并且善于沟通交流。

以上是实践教学对学生综合素质的总要求，具体到学科门类还有一些差异。应用理工科不仅要求学生掌握专业技能，还要善于把握市场信息，善于察觉市场需求的动态变化；应用人文社科"要求学校在培养其良好的专业技能的基础上，重视对其服务意识、管理技巧的培养"。

（二）实践教学内容体系的组织

1. 实践教学层次的划分

基于应用技术型人才培养要求以及实践教学目标，遵循由简单到复杂、由基础到综合的教育规律，商科院校实践教学可以划分为如下三个层次。

（1）基本技能培养层次。

在基本技能培养层次，应用理工科主要要求学生掌握实验规范，学会常规实验器材的使用与整理，学会做一些简单的基础性实验并要熟练掌握如何编制实验报告，对于经典的实验案例要熟知其原理、方法及其操作规程，还要掌握计算机、外语等工具性知识。

（2）专业技能培养层次。

在这一方面，应用理科、应用工科、应用文科比较一致，都要求学生能够运用专业思维分析解决问题，培养学生从事相应岗位所需的实际操作能力。对专业技能的培养可以采用边学习边实践的办法，一边进行理论教学，一边及时地进行课程实验、专业实践，这样既可以加深理解，更进一步地掌握课堂上的教学内容，又可以及时地接受专业技能训练，加强理论与实践的结合。

（3）综合应用能力培养层次。

这一层次主要培养学生胜任某一岗位工作所需的综合技术、创新实践能力，要求学生能够将专业知识、技能技巧综合运用到工作实践当中。应用理工科可以采用项目设计、产品开发等形式，应用文科可以采用专业见习、教学实习、毕业论文等形式。

2. 实践教学环节的建设

（1）实习、实训。

这是指职业训练，都强调外在工作条件的真实性、仿真性，因此习惯上将它们并列起来。实训是为了掌握本专业技术、能力而进行的基本职业技能训练，一般包括模拟仿真、技术训练等，可以结合市场情况，建立符合行业技术发展要求的仿真系统，反复训练后使学生在面临真实技术情景时能够灵活地应对。学生通过实习实训的生产过程等形式，增加学生对本专业的感性认识，激发其努力学好本专业的兴趣与热情；专业实习位于中间阶段，主要指针对某项技术能力的训练，放在学生对本专业建立感性认识之后开展；毕业实习在整个专业课学习之后进行，通过毕业实习使学生接触本领域的最新动态，逐渐培养综合职业素质，积累实践技能。商科院校可以根据不同时间阶段来选择实习方式，借助实习深化学生对专业技能的掌握，为以后走向工作岗位打下基础。

（2）课程设计。

课程设计通常安排在专业课程学习之后，要求学生将所学知识和技能结合起来，综合运用到某一特定设计题目中。商科院校的课程设计要体现出应用性原则，选题既要满足教学要求，又要面向社会生活实际，所选题目有新意并能检验出自身真实研究水平。在正式开始课程设计前，指导老师要明确本次课程设计的目的，确定重点难点，编制课程设计指导文件，提供相关资料，但是具体设计方案学生必须独自完成。课程设计中要引入"大工程"观，使学生明白现代工程设计往往是复杂的，通常需要技术工种间的协调配合，从而培养学生团队精神。最后要完善课程设计考核，杜绝学生抄袭现象。

（3）毕业论文（设计）。

商科院校要突出毕业论文（设计）的应用性，使学生能够"将所学知识和生产实际密切结合，提高运用所学知识独立分析问题和解决问题的能力"。在毕业论文选题方面，应尽量立足于当前社会发展的现实需要，强调选题的真实性和前沿性，通过对实际问题的分析解决，使研究成果真正体现其服务决策、发展学术、影响社会的现实功用。另外，"选题类型可以多种多样（如调查报告、实验研究）"，理工科毕业设计可以以项目为依托，选用教师科研项目、大学生科研创新项目、企业工程项目等，项目要具有可行性、实用性、创新性。通过项目化的毕业设计，不仅能使学生得到科研方法训练，还培养了学生技术应用、技术创新以及团队协作等综合实践能力。考虑到学校的应用型定位，毕业论文（设计）也要体现应用型特色，加强经费投入以完善实验室、图书馆硬软件建设，加强校企合作使学生能够到真实的工作岗位中体验实践，从中发现感兴趣的研究方向，为毕业论文（设计）积累素材。另外无论是在资料提供还是方法指导方面教师都要给予帮助，采取多种措施提升论文质量。

（4）社会实践。

必须把社会实践作为商科院校实践教学的重要环节，作为促进大学生动手能力、创新能力以及思想道德素养提高的有效途径。首先，社会实践应该贯穿于大学整个学程，与大学生勤工俭学、实习锻炼、科技创新等结合起来，根据难易程度安排在大学各个阶段，做到社会实践常态化。其次，社会实践还应创新形式，不拘泥于调查、志愿服务、爱心演出等陈旧形态，注意突出商科院校的智力资源优势，如采用"科技攻关、技术服务、产品开发、高科技产品推广"等。积极鼓励学生在不同学科、院系、年级之间组队参加社会实践，以便优化团队智力结构，激发创新思维，集思广益，提高社会实践效果。再次，将社会实践纳入教学中并给出相应的学时学分，设计具有学科专业特色的活动整体计划，保障计划前后连贯性，分步骤、分阶段锻炼学生实践技能。制定完善的社会实践考评制度，加强过程考核，如纪律考勤、定点巡查、中期反馈等，注重实践效果，重点考察学生思想素质、实践技能变化，同时兼顾实践的社会效应。

商科院校实践教学要根据能力培养规律，并结合本科教学学年周期进行安排。大学一年级主要培养学生职业能力意识，在对所学专业有初步了解之后，安排学生进行社会调查、参观考察，或者到企事业单位进行一些简单的认识实习。这一阶段主要是把学生从单纯的学校学习中解放出来，与社会进行亲密接触，增加学生对职业工作的感性认识。大学二年级主要开展与专业相关的基本技能操作训练，这一阶段主要以校内仿真训练为主，同时适度增加设计性实验，布置简单的课程设计，理工科开展适量的基础工程技术训练。大学三年级主要进行专业应用能力提升训练，继续增加实验、实习实训的课时比例并凸显设计性、综合性特点，课程设计要以专题研究形式进行，理工科逐步开始系统性工程技术训练以及项目教学。大学四年级主要是综合专业能力训练，通过毕业前集中实习以及提交毕业论文（设计）的形式进行。学生在毕业实习中进一步了解岗位工作的生产流程、技术操作规范，学习沟通、交流、合作、分享等人际交往技巧，通过论文写作或者方案设计进一步学会知识的灵活运用，增进专业技能培养科研能力。

3. 实践教学课程的开发

实践教学的最终目标是为社会输送具有一定技术的实践型人才，而这一目标必须要通过相关课程学习才能实现，因此必须开发与社会生活联系紧密的应用型课程才能满足需要。

商科院校在开发应用型本科课程时也要考虑这三种因素的影响，只不过在这里这三种因素变成了政府、学校、企业行业组织。

商科课程开发须实施产学合作，为了保障合作顺利进行，政府要给予支持，主要体现在三个方面。

第一，搭建平台，政府可以借助多媒体等信息技术手段搭建校企双方在科技服务、业务交流、人才培养方面的平台，或者建立地方性产学合作组织。

第二，进行奖励，政府投入一部分资金作为产学合作专项基金，用来奖励为校企合作做出突出贡献的企业，提高企业积极性。

第三，出台法律法规并进一步制定实施细则，为校企合作保驾护航。政府通过平台、资金、政策支持，为产学合作营造良好环境氛围，也为企业提供更多利益实惠，从而最大程度上调动企业参与热情，为其参与应用型课程开发提供优越的外在机制。其次是学校因素。

目前我国商科院校课程建设存在很大缺陷，对学生应用、创新能力以及探索精神培养不够，开发应用型课程能比较好地弥补这种缺陷。以课程开发中的教材编写为例，编写团队成员尽量多元化，不局限于本学校专家学者，还应联合其他商科院校以及企业优秀技术、管理人员，以博采众长、集中智慧，使教材既有理论传授功能，也具备紧跟时代脉搏、体现科技发展的优点。最后是企业因素。同样以教材编写为例，"实践性比较强的教材只有与现代生产实践、职业工作实践相结合才能编出水平",如北京联合大学在编写教材时就积极邀请一些优秀企业参与进来,有全聚德、北京饭店等餐饮行业。

商科院校在开发应用型本科课程时务必坚持"依托学科、面向应用"的基本理念。其中,"依托学科"指课程开发要将学科作为基础。高素质应用技术型人才要具有较为宽泛的学科基础知识,具有一定的发展潜力和后劲,能够快速适应科学技术发展以及工作环境不断变化的需要,这就要求应用型课程要具有系统性、学科性,能够达到本科层次水平,不能因为强调实践能力而忽视学科内容的固有体系。另外还要注意两点,其一就是,"依托学科"并不是要求照本宣科地开设专业课里的全部课程,而"应该视其对专业应用能力的支撑力度来进行取舍",在学分学时、教学方法等方面也不必要"比葫芦画瓢",而要结合学校、专业实际情况做出调整。其二就是,课程开发中所依托的学科不单指某一个学科,而是多个相关学科。科学技术发展使得现代职业工作具有复杂性,单靠某一学科知识往往不能解决问题,需要将多个学科联合起来。另外,"面向应用"指在保障学生学到充足的系统理论知识之外,还要使学生能够将专业技能灵活地应用到实际生活中。课程要面向社会生产、管理、服务实际,无论是理论课还是实践课都要服务于某项专业应用能力的培养。通过详细的职业分析,得出此类工作在知识广度深度、能力结构方面都有哪些要求,形成DACUM 图表。然后根据 DACUM 图表找出此类工作的核心能力或关键能力,围绕核心或关键能力设计开发方案。最后将课程方案分成若干模块并嵌入教学过程中,使各个模块之间保持连贯性。

4. 实践教学方法的探求

当前商科院校实践教学中出现教学方法单一枯燥、学生参与性不够的现象,任何知识的传授都要以调动学生主动性,使学生乐意接受为前提,实践教学作为传授实践技能、培育实践智慧的一种教学途径,更应该调动学生的参与积极性。

商科院校可选用的教学方法丰富多彩,依据的指导思想不同,学生在学习中的亲身体验而特别受到关注,它主要包括以下几种教学方法。

第一,项目教学法,它是一种以项目为依托,学生在教师指导下独立完成项目计划,从而获取知识、锻炼能力的方法,通常在项目结束时有一个可见的产品,适用于广告学、环境学等专业。

第二,现场教学法,它是一种师生共同走进实践情景,并实地处理情境中具体问题,从而增进学生面对真实场景灵活反应能力的一种教学方法,适用于生理解剖、临床等专业。

第三，案例教学法，学生在教师组织下借助研讨案例来获取知识、锻炼能力的方法，一般适用于法学、管理学等专业。

第四，情景模拟法，指"模拟职业活动中的某些场景，在这些场景中具有实际职业活动相同的功能及工作过程"，学生在其中扮演一定职业角色并进行相应实际操作。情景模拟法在高校实践教学中有三种运用，有模拟工厂，模拟法庭、办公室，计算机仿真模拟，主要运用在物流、财会、营销、护理等专业。通过模拟实际工作场景或操作流程，让学生切身体验职业工作，调整自身知识能力结构，积累实战经验，增强职业意识与责任感。情景模拟法的具体操作流程是：第一是模拟准备。教师依据实践教学目标，根据学校实际条件和实践内容特点选择合适的模拟形式，制定教学方案，在方案中要考虑到"教学目标、实施过程、人员角色分工、设备准备等"。在模拟准备阶段，教师要详细思考模拟教学中的各个程序，尽量与真实职业情景保持一致，考虑可能出现的意外情况并做好应对措施，确保模拟过程流畅性和模拟效果；第二是模拟实施。教师根据学生知识水平和气质特点分组，学生在小组中分工合作，完成每个阶段的模拟任务。学生开展阶段自查，"教师仅给予协助并指出尚未发现的错误"；第三是总结归纳。主要就情景模拟教学中学生的能力表现与相应岗位要求进行对比，找出差距并反思总结，最后教师还要对整个情景模拟教学中出现的问题以及成功经验进行总结。

（三）实践教学管理体系的建设

1. 制定规范化的实践教学管理制度

首先，建立实践教学的总体性制度，规定实践教学课时分配、学分划分、课程开设、机构设置、教学监控、教学考核等。总体性制度规定了各个部分以及整个过程的管理任务，发挥纲领性作用，引导实践教学活动的进行。

其次，依据总体性制度修订完善各个实践教学环节的管理制度。在完善各个实践教学环节的管理制度时，要注明管理细则，制定可操行的管理标准，以便于对管理中各种违规行为起到约束控制作用。

最后，制定实践教学管理文件，包括大纲、计划、课表、指导书等，这些都属于纲领性文件，在教学中起引导作用。这些实践教学管理的纲领性文件由校内和校外专家共同制定，以统筹实践教学的校外、校内管理，确保管理的全面性、科学性。

2. 加强实践教学管理的组织机构建设

科学高效的管理一定是管理层次清晰、管理范围明确，具有合理的组织结构。如果管理的层次、范围划分不明确，就会出现信息沟通困难，管理职责不明，人浮于事、推诿扯皮的现象。商科院校若要提高实践教学质量、提升管理效益，就必须转变理念进行科学管理，由粗放式向精细化过渡，加强实践教学组织结构建设。

3. 完善实践教学监控机制

（1）优化监控方式。

第一，吸收实习单位人员参与监控。实践教学活动场所不仅有校内还有校外，由于监控的难度与复杂性，学校监控往往局限于校内，对学生校外实践活动无法完全监督到位，这就需要积极吸收校外实践单位领导或指导老师参与监控。如，成立实践教学督导小组，督导组成员由实践教学科的有关领导、部分有经验的实践教师，以及实习单位负责人、校外实践指导教师组成。督导组协助各个院系对学生实践出勤、任务完成、导师指导等情况进行随机和阶段性检查，随时了解校外实践状况。

第二，实践教学监控要将常规监控与专项监控结合起来，保障监控的动态性和全面性。常规监控包括前期准备监控、教学过程监控、教学效果监控。准备监控主要是检查教学场地的分配、师资配备以及教学文件、器材设备是否齐全等。过程监控主要是检查学生以及指导教师出勤、任务进展、校内外导师指导情况、实践中人身安全等。效果监控侧重于对教学效果的反思，通过总结交流并借助一些实践教学的成果性材料，如教学记录表、教学日志、报告、成绩单以及用人单位的书面反馈或者项目成果，发现成绩与不足并通过反思总结经验、改进不足。在进行例行常规监控的同时，还要"针对实践教学环节特点和要求开展不定期的专项检查"。总之，商科院校要从自身实际出发，采用多元化的监控形式，创新监控方法，从监控实践中发现问题、解决问题，为后续实践教学提供经验指导。

（2）监控与反馈相结合。

监控不是目的，是提高和改进，如果只监控而不及时反馈监控信息，实践教学中出现的问题仍然无法解决，教学质量也得不到提高。因此，要积极理顺监控信息反馈系统，努力拓展反馈渠道，完善监控信息的收集整理工作。

一方面可以"通过开展教学评价与检查、评教评学、考试及评比、座谈会及调查问卷等活动，广泛收集实践教学质量信息"。

另一方面要充分运用网络渠道，如 QQ 群、朋友圈、BBS 论坛、邮箱等，利用网络的匿名性、开放性、交互性特点，鼓励师生在网络上充分表达实践教学中的感想、体悟、建议。

最后还可以建立以学生干部为主体的信息员制度，从每个专业中选出若干位学习和工作都比较出色的班干部担任实践教学信息员，通过学生渠道来反馈信息。如上，将通过多种途径收集来的信息甄别、梳理后，上报给上级决策机构，上级分析思考后提出解决方案，并运用到下次实践教学中，如此就形成了一个循环往复的信息监控、反馈系统。

4. 建立实践教学激励机制

一直以来，商科院校对实践教学重视程度不够，实践教学处于边缘地位，现在应用技术型大学的定位使得实践教学被提高到重要位置，为此需要重新调整师生认识，运用恰当的激励措施鼓励师生主动参与到实践教学中。

（1）合理运用内部激励。

摒弃实践教学无足轻重的偏见，使师生意识到其重要性后产生自我激励。对于教师来讲，要充分理解自身在教育中的使命，以及清楚在学生实践能力训练中应该扮演什么样的角色，并且也要看到通过实践自身也能获得锻炼与提高；对于学生来讲，让他们意识到实践技能对以后发展的重要性，在就业、成才中的积极作用。自我激励是一股强大的力量，自我激励产生后，师生能够自觉地参与实践教学，做好教学反思和提高计划，在提升实践教学质量的同时还促进了自身发展。

（2）必须重视外部激励。

对教师的激励可以是物质上的激励，如增加实践教学课时津贴、生活补贴、岗位津贴，补贴或报销考取职业资格证书的费用以及参加实践培训的交通费用；在物质激励得到保障的同时进行精神激励，职称评定、业绩考核、出国培训、教学评奖时，加大实践教学经历的指标比重，没有实践经历的教师不得参与评比。对于学生，也要采取一定措施激发其参与实践教学的积极性，比如在实践技能比赛或者科技创新中获得较好成绩者给予学分奖励，并运用到奖、助学现金评定上等，还要创新激励方法，综合运用"目标激励、典型激励、奖惩激励、差别激励"等激励模式，提高激励效果。科学的激励不仅包括奖励还要有一定的惩罚，实践教学中态度消极、投机取巧、弄虚作假的教师和学生要给予处罚。奖励和处罚并举的激励措施，能极大地激发师生参与实践教学的热情，形成热爱实践的良好风气，从而也提高实践教学效果。

5.完善实践教学考核机制

实践教学考核是对学生及指导老师实践中现实表现及成绩的整体评价与总结，根据考核结果对表现良好、成绩显著的教师与学生给予奖励，相反对那些经常偷懒、蓄意作假者施以严厉的惩罚。实践教学考核可以起到激励作用，营造严肃认真、真抓实干的教学氛围，另外考核中的"表彰先进、警示落后"也可起到反思、总结功效，为更多教师和学生提供典型范例，借鉴成功经验、汲取失败教训。

实践教学中对学生和指导教师的考核分别有两种方式，其中，对学生的考核有实践单位考核和指导教师考核两种方式，对教师的考核有学生评教、教学管理者考核两种方式，具体每种考核方式下又有多个考核点，基本涵盖态度、能力、成果三个方面。

（四）实践教学保障体系的完善

根据本研究的界定，商科院校实践教学保障体系主要由两部分组成，分别是"双师型"师资队伍建设以及实践教学基础设施、基地建设。

1."双师型"师资队伍建设

教学效果在很大程度上受教师队伍整体水平制约，商科院校若要提高教学质量、优化教学效果，就须采取多种措施努力建设一支与其自身发展定位相符，且整体具备较强理论质素与实践素质的"双师型"师资队伍。

（1）提高实践教学教师地位。

与国外应用技术型大学相比，我国商科院校实践教学缺乏严格要求与合理指导，实践教学教师尤其是实验教师仍然被视为教学辅助人员，并没享受到理应待遇，这就难以将高水平人才引进到实践教学队伍，造成教学质量提升困难。因此，必须首先提高实践教师地位，给予其充分的尊重与信任，为其营造宽松、稳定、人性化的工作环境，使其心舒气畅、安心踏实地在实践教学岗位中充分发挥自己才能。建立公平的职务晋升以及竞争机制，让实践教师看到在实践教学岗位上有远大的事业发展空间，另外学校还要在待遇以及日常生活中给予实践教师关心，做到"待遇留人、制度留人、事业留人、环境留人和感情留人"。

（2）加强在职教师培训。

商科院校要加大教师实践技能培训的经费投入，并且制定科学的培训规划，加强培训力度。有计划地组织教师到企业行业参观学习，参加实践教学的学术论坛以及经验交流会，"经常参加学校与社会联系的各种活动，以获得经济发展的最新信息"。邀请企业、行业组织的专家或者在生产一线工作并且具有丰富经验的技术人员来学校讲学，对在职教师开展相关培训。

（3）鼓励教师获得相应职业资格。

作为培养应用技术型人才的专业人员，教师自身要拥有较强的专业技术，因此必须有相关行业的职业资格。商科院校要制定有关政策，鼓励教师获取职业资格认证机构颁发的资格证书（如会计专业教师获取会计从业或注册会计师资格），教师没有相应资格证书不得上岗，并且在职称评比时将高水平职业资格证书作为一个重要指标。对于教师考取资格证书所用费用，学校要给予相应补贴或者报销。

（4）鼓励教师在企业中挂职锻炼。

校企双方合作时可以签订相关契约，明确规定各自权利与义务，学校可以有计划地分批选派教师到企业中挂职锻炼。教师在挂职期间直接参与工程实践，了解企业生产实际，及时掌握生产工艺，参与具体项目的调研、分析、处理，针对生产管理中具体问题开展科学研究。搭建校企合作平台或者以科研项目为依托开展与企业的产学研合作，以这些具体形式密切商科院校与企业的联系，从而使教师能够更好地深入企业生产管理一线，了解科学技术发展最新动态，完善实践知识技能结构。经过企业的挂职锻炼，教师不仅能够获得自身专业发展，而且还能将社会发展的新需求、新技术及时补充到教学中，从而促进教学改革、课程建设。

（5）做好专兼职教师引进。

学校专职教师引进时要明确引进标准，将"双师型"教师作为参照，重视引进或柔性聘用具有行业背景与学术经历的"两栖人才"，努力将具有较强理论素养和较高实践技能的人才聘请到学校，引进到实践教学队伍。除了专职教师聘请外，还要结合对"在校学生数量、师资力量等方面的分析，确定聘任兼职教师的数量、要求以及面向的职业"，然后制定详细的引进计划。另外还可以在当地教育主管部门牵头下，区域高校积极响应，联合地方多家企业及行业组织，从中推选热心教育的技术能手、工程师、管理人员加盟成立"区域兼职教师资源库或兼职教师协会"，通过资源库来缓解兼职教师聘请难的困境，实现区域内优质资源共享、协同共进的良好发展局面。兼职教师大多为技术能手或者优秀管理人员，虽然具备充足的实战经验但缺乏教育教学技能，商科院校可以开展教学观摩课、教学经验座谈会等，提供形式丰富、内容多样的教学培训，使其掌握基本教育规律、教学要领，熟练运用现代化的教学仪器和设备，以便提高教学技能从而能够更好地将生产管理中的新技艺顺利地教授给学生。

2. 实践教学基地建设

（1）多渠道筹集教学经费。

商科院校实践基地在日常运行中会遭遇资金不足的困境，这也造成了基地硬软件落后，设施配备不够齐全，为此，努力拓展教学经费来源，开辟资金来源渠道就显得十分重要。首先要积极争取政府财政拨款，在中央财政投入有限的情况下，通过服务地方经济社会来获取地方政府的资金政策支持。其次是设立校办企业。商科院校可以考虑创办适应地方经济发展的校办企业，依托学校的人才、智力优势把企业做大做强，这样既可以将企业作为学校的实践基地，也可以通过企业把理论性的研究成果转化为真正的生产力，从而获得一部分资金。再次就是要加强学校与企业的联系，通过寻求双方合作的现实基础来实现双赢，商科院校"通过校企合作，可以引进企业资金投入实验室或科技研发基地"，提高教学硬件设施质量。最后可以借鉴美国校友捐赠制度，借助校友捐赠完善实践教学基地的硬件设施建设。校友对母校怀有深厚情谊，在社会上工作了多年之后直接或间接地掌握了一部分资源，尤其是事业有成的校友通常具有较强支付能力。商科院校可以调动校友积极性，充分借助校友的社会影响力、人际关系以及资金支持，通过校友拓宽实践教学经费筹集渠道。筹集到的教学经费要实行精细化管理，设立实践教学经费专项管理制度，使每笔经费支出做到清晰透明，使有限资金优先用于改善实践教学条件、加强硬软件配备上。

（2）建立多元化实践基地。

商科院校要开阔思维，积极探索实践基地建设的多元化途径。可以通过协调院系之间关系，整合校内资源，成立文科实验中心、工程实验中心等，建立以学校为主导的校内实践教学基地。还可以联合区域内的多家院校，根据各自意见商量讨论后达成相关协议，成立校际联合型实践基地，"最大限度发挥各自优势资源，共建共享实践教学基地，以提高实践教学基地的利用率"。加强学校与政府、事业单位等的联系，通过挂职锻炼、人才培训等形式深入合作，建立事业单位型实践基地，解决文科类专业实习难问题。加强学校与企业、行业组织的合作，利用自身智力资源优势与其优势互补、共同受益，建设企业性质的实践基地。总之，商科院校要结合自身以及区域地方实际，不断探索、创新实践教学基地建设的新形式。

第六章 新零售模式下商科专业人才培养的实践

随着互联网与传统产业的深度融合和人工智能、大数据、云计算等新技术的发展，新零售、新金融、智能制造、数字化管理等各种新业态、新模式相继出现，对商科教育提出了新的挑战，进而催生了新商科。在新业态、新模式下，人才需求发生了很大的改变，新商科的人才培养模式要随之改变，商科教育机构在区域发展中的角色定位及作用也要发生转变。本章分为国际化商科人才培养要素解析、新零售对商科专业人才培养的影响、商科专业人才培养的特征分析、商科专业人才培养模式的选择、商科专业学生创新创业能力的培养五部分。主要内容包括：新国际化时代世界经济发展的新特点、国际化商科人才培养的要素、新零售对传统行业的深度影响、新零售对岗位素质的新要求等方面。

第一节 国际化商科人才培养要素解析

一、培养定位与课程体系

国际化的培养定位与课程体系是国际商科人才培养的基础和前提。确定一所院校商科专业的办学方向和人才培养定位，必须综合分析该校的办学综合实力和社会服务需求。因此，高校商科专业要以应用型人才作为培养定位，为地方经济建设和社会发展输送高素质的急需应用型高级专门骨干人才。

目前，各类高校培养出的商科人才数量已有不少，但在质量和结构上远远不能满足企业的需要：一方面，高素质的商科人才仍然处于供不应求的状态；另一方面，相当多的商科类专业学生的就业方向不明确，就业前景不乐观，工作比较难找。似乎很多学校并没有培养出企业、行业需要的商科精英。所以，商科教育中人才培养定位的问题是高校必须首先面对的问题。

国际商科人才培养有其专业特殊性。伴随着当前世界知识经济的快速发展，国家间的跨文化商务往来日益频繁，国际化的商科人才培养就成了高校商科专业迫切需要解决的新课题。在确定培养定位时，课程培养体系的设计起着关键作用，这大体可分为语言方面、文化方面、视野方面。国际商科人才应具备过硬的道德素质，坚强的心理素质，扎实的专业素质，开阔的文化素质，同时拥有可持续发展的创新创业能力。课程体系改革必须与国际经济、科技发展相适应，要适应社会的需要，从实际出发，坚持因材施教、学以致用，构建合理的专业知识结构，强调学科交叉，推动行之有效的多元化、复合型的培养体系。要以更高的平台、更广阔的视野，进一步构建与国际接轨的课程体系，增加国际政治、国际经济以及国际商务方面的课程，更新教学内容，注重将最前沿的科技知识融入教学中。要积极探索研究式、启发式教学方法，引导学生自觉地进行研究式、自主式学习。推进素质教育，注重创新教育，着力培养宽口径、厚基础，外语水平高，具有国际意识、合作精神、创新能力的学生；要培养学生学习新知识的能力，提高其国际竞争力。

二、教育模式与教学方法

国际化的教育模式与教学方法是国际商科人才培养的关键，教育模式与教学方法直接决定人才培养的质量。我国现有的人才培养模式，更多的是受苏联"填鸭式"模式的影响，是一种以教师为主导的教育教学模式。而在欧洲，基于项目 (Project) 小组协作式的学习方式被认为是学校教学的一个最重要环节，并在实际教学中有比较成熟的应用。

例如，在巴黎高等商学院 (HEC Paris)，60% ~70% 的课程是采用项目小组作业教学法，在 4~5 个人的小组项目中进行，而且在一个学年中要研究不少于300 个案例，以便大家集思广益，汲取世界各国和各行业的经验。这种项目教学法主要是通过师生共同策划，实施一个完整具体的项目运作来开展教学活动。

三、开阔视野与创新思维

国际化的开阔视野和创新思维是培养国际商科人才的改革动力。要培养学生扎实地掌握国际化商科类专业的知识体系，熟练运用跨文化沟通技巧，独立开展国际商务活动的能力；熟悉一般国际惯例，具有快速应用与处理现代化信息的能力；要培养学生具有宽广的国际化视野和强烈的创新意识，同时还要使他们具备较高的政治思想素质和健康的心理素质，能经受多元文化的冲击，在做国际商科专业骨干人才的同时又不丧失人格和国格。

四、运行管理与师资配备

国际化的运行管理与师资配备是国际商科人才培养的重要保障。高等教育国际化给高校人才培养体系、培养标准、培养模式带来了全新的变革，在我国长期计划经济体制下形成的几十年一贯制的运行模式、管理体系已明显不能适应新形势的要求，必将被冲破。

第二节　新零售对商科专业人才培养的影响

一、新零售对传统行业的深度影响

未来二十年新零售将终结电子商务和零售实体店二元割裂的局面，深刻地影响传统流通行业。

新零售将电子商务给顾客提供商品或服务时所具备的方便、快捷、便宜，与实体店的体验、情趣、氛围和服务等深度融合。同时，在人工智能深度学习的帮助下，视频用户行为分析技术能在线下门店进行用户进店路径抓取、货架前交互行为分析等数字化转化，形成用户标签，并结合线上数据优化用户画像，进行异常行为警报等辅助管理，这些极大地降低了流通运营成本，提高了销售效率。

二、新零售对岗位素质的新要求

新零售对门店工作人员相关素质提出了更高的要求。

（一）数据与线上管理

新零售门店既是后台数据收集的一个重要入口，也是大数据支持下销售服务的一个支点。门店工作人员需要具备数据上行的设备管理能力，到店顾客后台数据的读取、服务能力，运营微店和推出单店短视频能力。

（二）商圈物流服务

社区门店作为线上定购商品的最后一公里物流支点，提供顾客到店取货或员工上门送货服务，门店工作人员必须能够快速处理到店顾客订单，也能高效完成配货、派单和送货服务工作。

（三）诚信与守诺

诚信是职业标准，但是，新零售由于网络与大数据的介入，对员工诚信与自律有了更高的要求，杜绝假冒伪劣、以次充好、网上不实宣传、虚假评价、数据充水，尊重承诺，保证退换货的通畅便利。

（四）清廉与自律

新零售由于信息与自动化技术的广泛使用，岗位员工大量减少，甚至出现了无人管理门店，员工的相互监督与管理比传统门店减弱很多，一岗多责，员工单人接触财物的现象十分普遍，更加强调严格自律与清廉高尚品格。

（五）个性化心理服务

由于消费的差异化，新零售需要在网上商品展示及线下体验时提供更个性化的心理服务，除了商品详情页设计、网络客服要吸引和打动顾客外，对到店顾客更要准确掌握客户心理需求，让他们有更好的心理体验和购物享受，获得更大的消费满足感。

（六）亲子与休闲服务

新零售业态将产生大量的消费综合体，集网络快购、实体店体验、餐饮服务、文化娱乐、健康休闲服务于一体，这就要求行业从业人员具备尊老爱幼、富于爱心的品格，阳光健康的形象，亲切和善的个性，以及细心体贴的服务态度。

第三节　商科专业人才培养的特征分析

一、新商科人才及其特质

2018 年，教育部提出高等教育要努力发展新工科、新农科、新医科、新文科，在此背景下新商科、新商科人才概念呼之欲出。新商科人才关键在"新"字上，主要体现在以下几个方面。

（一）新思维

新商科人才不是让学生记住多少知识与概念，而是让学生深入认识新商业的不确定性并能主动适应这种不确定性。在当今"互联网"时代，职业细分和能力跨界融合成为了新的趋势，新兴技术不断赋能传统商业，新技术与商业的融合被视作有潜力的商业模式，灵活的商业模式就是一种竞争力。商业新思维就是在面对条件不确定或资产无形化时，能利用商业新思维将无形资产转化为有形财富、将不确定性转化为确定性。

（二）新理论

新商业模式下最主要的资源是信息资源，信息商品生产线是无形的，生产出来的信息商品边际成本为零，没有时空概念。传统的工业产品与信息产品两者在商品属性上存在根本性差异，决定着两者在生产方式、组织形态、商业模式上的不同。商品属性以及生产方式是新商科建设的历史和逻辑的起点，在新经济时代，数字商品、人工智能、机器人工厂等正在改变和拓展传统商品和生产方式的属性和边界，线上交易、网络营销、手机支付等正在颠覆传统的营销和实体交易规则，新经济新商业时代的经管或者商务理论方法，需要研究新经济形态的内在逻辑，新商品运行的内在规律，同时建立与新商业经济相适应的理论、方法和运营管理规则。

（三）新工具

数字经济时代，数据是最普通、最常用的信息资源，也是最重要的财富资源，企业竞争能力高低的一个重要体现，就是把海量的和常见的数据信息资源开发和转化为有价值的财富，并不断实现价值的增值。数据已经无处不在地深入到商业和管理的各个领域，在此背景下，企业所需的不再是单纯的经营管理者和技术工程师，而是能将经营管理与技术有机结合的复合型人才，即能在管理与技术之间搭建桥梁的人。这种既懂管理又懂技术的复合型人才将成为未来新商科人才的主力军。

（四）新能力

运用新技术新工具解决复杂管理问题的能力是商科人才综合性能力的要求，是商科人才技术技能、人际技能和概念技术的综合体现，也是"新商科"人才最为重要的能力之一。面对新技术革命的挑战，经济转型、社会转轨、经济发展的不确定因素增加，复杂性是商业管理的常态，只要有经济、组织、工人和管理者在的地方，就有复杂性存在。新经济形态下的组织很分散，人跟组织的关系变得更加柔性动态。面对瞬息万变的外部世界，面对纷繁复杂的商业环境，要培养和锻炼不确定情况下处理复杂管理问题能力的步骤、程序和方法，就要具备知识能力复合、跨界发展的特质和潜力。要树立面对解决复杂管理问题时的良好心态和思维，不仅要看到问题的复杂性，更要看到在复杂性表层下的简单性本质，以及解决的易度。

二、商科专业人才培养现状

商科专业与群众生活息息相关，其所在的商贸服务业是促进就业、推动经济结构调整、转变经济发展方式、保障和改善民生的重要产业。大力发展商贸服务业作为我国产业结构转型升级的重要战略举措，得到党中央、国务院的高度重视，国务院提出要推进服务业发展提速、比重提高、水平提升，打造"中国经济升级版"。作为研究企业经营管理的学科，商科专业必然要适应社会、贴近市场、紧跟时代，因而探索适应市场要求的商科人才培养模式是经济结构调整、产业迭代升级的重要举措，是新常态下迎接经济环境挑战的重要任务。

商科人才培养进行多年，效果不甚显著，既有历史遗留问题，也有社会发展过快的原因。就高校而言，商科教育成效不够理想，问题主要表现在以下几个方面。

（一）人才培养目标定位不准确

商科专业涵盖面广，一般意义上从经济贸易类、市场营销类、工商管理类到财政金融类、财务会计类，都属于商科的培养范畴。每一类别下辖数十个不同的专业，虽然同属商科专业，有其内在相似性，但每一种专业的侧重点及其面临的岗位需求都不同。但学校在制定人才培养目标时并未充分了解市场需求，导致人才培养目标定位不准。

（二）专业课程体系设置不合理

大部分商科类专业的课程体系借鉴了普通本科的设置，通常是大一开设普适性公共基础课程，大二开设商科专业理论课程，大三安排学生进行实习。课程体系设置既不能体现商科专业学习的系统性，又不能体现培养商贸服务业高技能人才的针对性。导致毕业生在知识技能和岗位能力上与商贸企业的要求有较大差距。

（三）师资队伍建设机制不完善

随着商贸服务业的快速发展，商科专业的办学规模也在飞速扩张，而教师队伍的专业素质却跟不上扩张速度。商科专业教师每天疲于应对课堂教学，整体欠缺实践教学经验，参加培训机会少。甚至一些青年教师尚没有商贸服务业的从业经验，即使是课堂教学，也只能照本宣科，教学效果不佳。

（四）质量评价与监控体系不健全

虽然商科专业毕业生就业率普遍较高，但依然存在就业首岗胜任能力较差，就业状况不理想的情况。即使大多高校对于人才培养质量评价已相当重视，但还是存在行业、企业无法真实有效地参与到质量评价与监控体系中的状况。事实上，商科专业的质量评价与市场反应相脱节，评价方法和监控手段过于单一，对于商科专业高技能人才培养产生严重影响。

商科专业与经济生活密切相关，商科人才在工作岗位上不仅面向"物"，更多的是服务"人"，因此人才培养需要具有一定的社会性和灵活性，需要涵盖多种学科，不能局限于校内教学和研究。传统商科教育培养人才的模式不能适应社会发展的需要，封闭的学校教育难以培养出出类拔萃的创新创业人才。

当前有一部分高校主动与行业、企业、政府、社会创建联动机制，尝试创新人才培养方式，但在实践中又出现了种种问题，例如人才培养目标定位不准、课程体系设置不科学、教师队伍提升缓慢、忽视自身专业特色、评估手段单一等。这使得大部分的商科教育还是以传授基础理论为主，忽视实际业务操作能力的培养，高技能人才培养体系不健全。所以在高校商科专业的人才培养上，亟须一套系统完整的、可操作性强的、可做推广的培养模式。

三、商科专业人才培养特征

商科是培养现代商贸服务技能型人才的学科，近年来为贸易、金融、电子商务、连锁经营等行业培养了大批应用技术型商科人才，充实到商贸服务业的第一线。商科专业技能型人才需要掌握商务活动的相关理论，具有企业经营管理能力，具备优秀的职业素养，还要擅长沟通与协作，因此是全方位综合发展的高素质复合型人才。但现实中商科专业培养的毕业生往往滞后于市场需求，要创新培养模式，就要对本专业人才培养的特点进行分析。

（一）商科专业人才培养的灵活性

与工科专业相比，商科专业的工作对象主要是人而不是物。高校商科专业的毕业生主要从事现代服务业，比如经营管理、电子商务等。当其面向具体工作时，主要与人打交道，处理的事务具有灵活复杂性。每一个人都是独立的生命个体，他们的家庭背景、教育程度、过往经历以及兴趣爱好都有不同。

因此，服务在企业第一线的高校商科人才所面临的工作情境也十分复杂。若是讲工科专业人才培养具有标准化、固定化的特征，那么商科专业人才培养就有复杂性、灵活性。教师可以教给学生的只是通用理论和基本方法，实际工作中还需要学生根据具体场景进行分析，灵活处理。

（二）商科专业人才培养的实践性

商科专业学习内容随着市场的转变在不停地变换，因此具有很强的实践性。高校商科培养的人才要满足企业发展的需要，必须接触大量的、实际的案例，提高操作技能，锻炼问题解决能力。如果学生没有在真实的工作情境中学习，必然感到"纸上得来终觉浅"，从而在毕业后适岗能力差，无法快速进入工作状态，影响本职工作。在真实的企业管理实务中，每一次工作挑战都帮助商科学生将理论知识进行有效转化，进而积累宝贵的经验，这是任何虚拟场景都无法比拟的。所以，商科专业一向注重学生的实践能力培养。

（三）商科专业人才培养的综合性

商科人才未来的就业方向是商贸业、服务业的基层管理职位，为满足岗位要求，适应企业需要，他们不仅要学习通识课程、专业课程，而且还要进行跨学科的培养，具备充足的知识储备。因为在企业的实际运营中，一线管理者不能仅局限于本专业范畴，必须要跨学科结合各种知识来处理问题。比如市场营销专业的学生，不能只研究市场规律和营销技巧，还要懂得成本核算、利润计算等财会知识，如此才能成功实施营销、达到获利目的。因此，商科专业人才必然要提升综合素质，以期在企业经营管理中无往不利。

四、商科专业人才需求特征

新国际化时代世界经济发展的特征，将导致新国际化时代商科人才需求也具有自身特征。

（一）轻学历差异，重专业背景

新国际化时代的商科人才需求趋向于进一步扁平化，学历层次差异将进一步被忽视，市场更欢迎那些能真正解决现实问题的人才。由于各种新问题、新矛盾不断出现，仅依靠专业理论知识的高学历人才在许多现实问题面前可能会显得束手无策。由此，具有较好的专业成长经历和较强实践能力的商科本科人才，将获得更多更好的职业机会。

（二）较高的职业素养

今后相当长一段时间，专业化、规范化的业务越来越多地会被人工智能替代，而许多复杂化、交叉性问题的解决更加依赖较高的情商。尤其是在管理行业，学习能力强、爱岗敬业、善于沟通、具有较完善的法制意识和风险意识的商科人才将有更大的施展空间。

（三）创新后劲足

知识经济时代最大的生产力是创新，创新能力将成为影响一个组织甚至一个国家经济发展的决定性因素。各种新问题、新矛盾的出现是传统理论和方法难以解决的，在这些问题面前，跨专业的复合型人才总是能创新性地解决问题，这类人才必将是市场上的生力军和"金块子"。

（四）动手能力强

能解决现实问题的人才总是市场所青睐的。纷繁复杂的市场环境和变幻莫测的市场行情总是会带来许多挑战，同时也造就许多机遇。只有那些熟悉经济发展的现状，能紧跟经济发展的步伐，并且善于运用互联网、大数据等技术挖掘数据、处理信息的人才有可能抓住更多的商机，同时也能够更好地分析现实问题、解决现实问题。

第四节　商科专业人才培养模式的选择

一、商科专业人才培养目标

（一）专业目标

高校新商科的人才目标在于培养出掌握了互联网技术以及商务贸易基础理论知识，具备采集、分析、清洗商务数据，可视化电子商务数据以及网店各类数据，具备数据化运营管理及技能可以从事建设、服务以及管理等工作的，具有比较强的创业能力与创新意识的复合型人才。毕业后，学生具备从事商务数据分析岗位群的能力，包括管理类、客户服务类、数据分析类、营销类以及电商运营类等。

（二）人才培养规格

就人才的培养规格上，要求学生具有团队合作精神，具备创新能力与意识具备职业迁移能力以及提升能力，掌握包括数据化运营及营销的决策知识、管理知识以及基础知识，还要掌握采用 PPT 形式进行商务数据报告写作的技巧、分析消费者行为的相关注释、网络营销知识以及统计分析方法与技术等。学生的智力以及身体素质要能够胜任本职工作。学生要具备分析商务数据以及应用商务数据的能力，可以对电子商务数据进行搜索以及清洗，要能够进行商务数据分析报告 PPT 的撰写能力等。

二、商科专业人才培养要求

（一）更新人才培养理念

高校形成以企业需求、就业为导向的人才培养理念，教师不仅要对学生进行相关理论性知识的教育，而且还要重视提高学生的技能以及综合素质，从而让学生在三年的学习中可以扎实掌握专业的理论知识，还要融入岗位中。

（二）强化校企合作，提供实训基地

高校商科专业要紧抓发展机遇根据文件内容来创新人才培养模式。在企业提供技术支持以及政府机关提供资金支持的基础上进行学生实训以及实习基地的建设，结合用人需求来建立实习实训基地。投入资金来为校内电子商务学生提供报检与报关实务、网站运营与管理实务、广告实务以及电子商务等实训教学，从而有效提高人才培养质量。

（三）通过综合训练与模块训练来提高学生的素质

就课程设置上，高校要基于人才培养理念的引导，结合用人单位的业务流程以及岗位需求来改革、创新课程体系以及课程内容。就教学运用上，有机结合素能本位与学生的学习过程，从而让学生在职业性、实践性、开放性的体验下进行学习，强化各商科教学活动的联系。充分利用企业的协助，高校为学生建立集实习、学习以及素质提升为一体的平台，从而充分提高学生的职业素养与专业技能。

三、商科专业人才培养的模式

人才培养的模式包括人才定位、人才的知识与能力结构、人才的培养方式等，依据新商科人才特征和要求，其人才培养的模式架构相应为：新商业与传统商业的一个重要区别是跨界和融合，这表现在新技术、新工具与传统商业业态的结合，以及不同的行业、业态之间的交叉和渗透。

因此，新商科人才是掌握商科专业知识和能力，熟悉商业新技术，具备商业新思维，具有较强创新能力的复合型和综合型人才。新商科人才属于应用型人才范畴，包括工程型人才、技术型人才和技能型人才。新商科人才是具有较强跨界发展能力的复合型、综合型人才，因此需要具备跨界发展的知识和能力结构。从知识结构看，要具备"商科"的知识结构，即要掌握计算机技术、数据编程、数学算法等知识体系，实现商科与工科、理科等不同学科之间的融合，以及商科内部学科之间的融合。从能力结构看，要具备专业能力、通用能力、

创新创业能力以及跨界发展的能力。这种跨界发展的能力是指运用商业思维，通过技术手段，推动管理流程、管理模式变革，提升管理效率的能力，因此，它是一种高层次的创新能力，也是一种综合应用能力。

多元参与、协同育人是新商科人才培养的基本方式，从介入的广度和深度来分析，目前商科人才培养的方式主要有：一是参与式的培养。这种方式的特点是行业、企业的师资参与到人才培养之中，如参与人才培养方案的讨论，参与教学过程，参与学生毕业论文（设计）和毕业实习的指导。这是较为普遍的校企合作培养人才的方法，也是传统商科人才培养中较为常见的做法。二是委托式的培养。这种方式的特点是学校按照企业的用人需求进行订单式培养，学生就业由企业负责。三是共生式的培养。这种方式的特点是企业、行业、政府与学校通过共建共享的方式，全方位参与人才培养，目前较为普遍的做法是校企合作的行业 学院（产业学院）的培养方式。

四、商科国际化创新人才培养模式的启示

（一）对标国际认证体系，做好专业建设

商科国际认证不仅重视考核高校在本国商科教育领域的水平，而且还非常注重考核学院的国际化水平。把商科国际认证体系作为高校办学的标准和依据，成了目前各类型高校商科专业办学所遵循和追求的目标，申请国际认证，已经成为国内顶尖高校建设一流大学和一流学科的重要目标和实现路径。随着对商科国际认证的持续研究及国内高校的实践探索，一项针对专业建设的国际认证指标体系 (EFMD Program Accreditation System，EPAS) 为越来越多的高校所熟知，并且此认证归属于 EQUIS 认证，其专业化和严谨性被大部分参与认证过的商学院所熟知。尤其是它更关注专业在市场中的定位、强调深化与企业雇主的密切合作、注重校企合作项目反哺教学、提升学生就业质量，同时强调专业的国际化程度。对于应用型本科高校而言，为其高校进行面向国际化的商科专业建设提供了可行路径与实施方案。

（二）打造应用型国际化人才培养模式

除了与海外高校进行紧密合作之外，落地国际化的人才培养模式，尤其是在现阶段，更是要充分强调国际化不完全等同于国际项目和出国留学，更是能够让学生体验到落地的国际化教育。其中一条非常关键的路径就是提升学生的国际就业力。通过充分与国际级 TOP 企业进行合作，调动企业深度合作的积极性和主动性，构建校企合作长效机制。合作内容贯穿整个人才培养过程的各

个环节，包括专业规划、专业建设、课程建设、师资队伍建设、项目服务、创新创业、实习实训、教学评价等方面。同时定期进行的企业导师招募，将行业的前沿发展信息和真实案例引入课堂，给学生打造真实场景下的学习环境，学校灵活的排课机制保障了企业导师进课堂的落地实施。

（三）落地应用型国际化人才培养模式

国际化人才培养模式中的关键一环就是高质量课程的落地实施，如何落地国际化课程？这就需要学院课程小组的改变与融合：形成"1+X+N"课程小组模式，通过 1 位课程负责人 +X 位企业能手 +N 位成员、N 个想法、N 种资源的思路来夯实课程基础；同时明确预期学习成果 (ILOs)，建立包含自建课程 +引进课程 + 合建课程的多元化课程体系类型，分类别加强课程内容研究。秉承"少即是多"的课程设计理念全面改造课程。在课堂教学中减少知识记忆性学习，增加探究式、研讨式、项目式学习，进而将知识记忆性学习转为课下利用线上、自学、工作坊等方式进行。通过师生持续的努力让课堂变成学生扩充国际视野、建立国际化的知识体系、培养能力的平台。

（四）实施阶梯形教师队伍建设

目前，应用型本科高校拥有大量的硕士及以上的海归教师作为重要的国际化师资力量，但还远远不能支撑未来国际化人才培养的全面落地。对于应用型本科高校而言，打造阶梯形的教师队伍，例如以海外核心教授团队作为师资团队的关键力量，同时配备海外顾问团队作为重要资源协调力量，国内海归教师团队作为主要的助教力量，形成海外教授 + 海外顾问 + 海归教师的三角形教师梯队，从人才培养的各个层面进行补充，充分落地和保障国际化人才培养模式的高质量落地。

第五节　商科专业学生创新创业能力的培养

一、商科专业学生创新创业能力培养现状

目前，我国对于学生创新创业教育还是以理论教学为主，还未充分认识到实践对于双创能力培养的重要性，缺乏有针对性的培养，对通过这种方式所培养的商科学生于应对瞬息万变的现代商业而言所发挥的作用是非常有限的，市场需要的是高素质的应用型双创人才。

（一）缺乏创新意识

作为创新活动原动力的创新意识，是个体在创新活动中自省意识、美好愿望与积极情绪的总和。我国商科学生的创新意识表现为能否自觉、有意识地进行实践活动，并表现出很强的自主性。我国现有的商科学生缺乏创新创业方面的启蒙教育，所以在创新创业能力方面处于被动的状态，往往研究方向由老师指定，缺乏自我的思考，该状态培养出的商科学生缺乏创新意识和创业魄力。

（二）缺乏创新知识

我国高校对于商科双创教育培养采用相同的模式，缺乏层次体系，于本科生和学生采用相同的人才培养模式，忽略了两者认知的差异性。商科专业设置无明显差别，交叉学科设置不足。商科学生不能及时更新前沿知识，接触科学前沿的机会比较少，资源获取有限，专业知识获取较少，自身"数据库"更新较慢。

（三）缺乏创新思维

部分商科学生已经习惯了"填鸭式"学习和跟随式学习，形成了思维定式，因循守旧不愿意去创新，缺乏全面综合的思考。

（四）缺乏社会实践

社会实践有利于学生综合素质的提高。由于学校缺乏相应的软硬件设施，商科学生无法及时地将理论应用于实践，这在一定程度上抑制了学生的创新意识，学生开展创业相关活动受到局限。受社会实践缺乏的影响，学生的思想道德素质和心理素质未受到进一步的训练，缩短学生社会适应期的目标就无法实现。

二、我国商科专业创新创业模式的优劣势

（一）我国商科专业创新创业模式体现的优势

1. 政府出台专项政策，为创业教育提供政策保障

近年来，我国创新创业教育得到政府的大力支持，国家出台一系列政策措施推进创新创业教育的发展。自 2015 年至今，我国政府逐步出台了包括简化行政审批流程、加强知识产权保护、提供资金支持、建立创业服务机制、建设创业平台、拓宽城乡创业渠道、引进创业人才等多项政策红利，这充分证明，我国的政府管理顶层设计已经把创新创业教育放在国家发展的重要位置。

2. 以校园创新文化建设为枢纽，推进高校整体水平

大学生创业教育的成功开展离不开所属校园良好的创业氛围和文化建设。据目前现实数据展示，我国很多高校针对创新创业教育增设专业的创业学院，并搭建符合自身特点的教育组织架构；设置"必修课＋选修课"为主要框架的课程体系，并定期举办专题讲座以提高创新创业教育的普及率，保证每位在校大学生都至少接触过创新创业的初步教育。

另外，建立创新创业在校激励机制，将在校生发表创新创业学术论文、申请发明专利等列入国家奖学金参考指标范围，部分高校甚至开始试行本科毕业论文以国家级创新创业项目论文代替的特殊措施。

3. 竞赛激励导向，激发社会创业活力与氛围

学科竞赛对于推动商科专业学生提升创新创业能力、锻炼自主思考、感受学术魅力具有重大意义。目前，国内涌现出一批大型创业比赛包括"互联网＋""创青春""挑战杯"等，这实际把学科竞赛融入创新创业教育之中，并将学科竞赛常态化，搭建起"学习—竞赛—探索"的培养框架。

另外，社会中产业园区、孵化基地、众创空间等新型创新创业平台的不断出现，也为社会创业教育实施提供了完美的实践训练平台。

（二）我国商科专业创新创业模式存在的劣势

1. 思想认识不足，创新创业理念有待更新

高校对创新创业教育本质的认识始终存在偏差，认为创新创业教育充其量是对大学生就业指导的补充，将其作为解决学生就业和提高就业率的有效途径。这种认知导致高校所设置的创业教育课程过分侧重于就业技能培养，而忽视核心的创新创业理念养成。

主要表现为：其一，导师队伍思想偏差问题。高校创新创业教育的师资队伍大多仍是校内的学术专家，专注于单一学科，加之缺乏实际实践经验，很难实现双创教育的真正内涵。其二，创新创业课程与专业教育契合度低。很多高校相关课程对所有专业、年级开放，并无针对性创业课程，这种"大众化"培养方式明显不能因材施教、效果低下。

2. 创业教育目标的形式化与功利化

中国创业教育实质的源动力来自社会发展所面临的就业问题。这种导向造成学生理念缺乏纯粹性，大多数报以趋利心态接受创业教育；高校的教育体系也仅限于课堂知识的讲解和学科比赛的指导，局限于专项操作，学生很少能切

身参与具体实践中。

3. 社会普遍缺乏创新创业教育认知

当前，社会大多数人仍旧秉持"创新创业为高风险投资"传统理念，认为创新创业最后的结果都只是"竹篮打水一场空"，反而更倾向于安稳；受传统保守思想影响，社会对于大学生双创的支持力度也严重不足，大学生进行创新创业活动缺乏资金，校企合作的深度与广度不够，合作仅仅局限于实习平台的提供，而无法深入学生创新创业方面的合作，这些因素双重叠加，造成社会创业氛围的恶性循环。

4. 大学生主动创新意识强烈程度不足

高校大学生在创新创业教育上存在主体性缺失问题，体现在：首先是对创新创业教育缺乏主体性认知，部分高校学生认为创新创业教育的受众仅仅为将来选择自主创业的群体，其他群体没必要接受此类教育。其次是参与创新创业教育的自觉性不足，在参与创新创业课程学习中普遍存在"混学分"现象。最后是接受创新思想的被动性，很多高校学生依赖于传统的"填鸭式"教育方式，习惯被动接受知识，而不会主动去思考，从而导致创业精神和创新意识的缺乏。

三、国外高校双创教育能力培养模式分析

国外发达国家的创新创业教育开展得比较早，模式和体系相较成熟，在创新型、复合型、应用型的人才培养方面具有充足的经验，这对我国培养综合型的商科人才有一定的借鉴意义。

（一）美国的双创教育能力培养模式

美国是最早对学生进行创新创业能力培养的国家。美国的双创模式可以分为以下三种：一是注重专业领域的双创教育模式。在专业领域以嵌入创新创业课程方式开展双创教育，比较典型的是在商学院开设相关课程，百森商学院和哈佛商学院就是其典型代表。二是注重通识知识培养的双创教育模式。不同于专业型的模式将重点关注于某个特定圈，通识型的双创教育强调面向全体，高校开设受众群为全体学生的双创教育课程，如麻省理工学院、杜克大学、康奈尔大学等。三是混合型双创教育模式。结合专业型和通识型模式的特点，将课程分为两部分，斯坦福大学采用该种模式，该模式将理论与实践相结合，又被称为产学研一体化模式。

（二）英国的双创教育能力培养模式

英国双创教育的成熟度在全球首屈一指，经过长时期的总结发展，形成了完善的双创教育体系。英国双创教育模式大体分为三种：第一种是强调融入式的培养教育。将创新创业课程融入专业教育中，比如杜伦大学设置"创业学"课程，南安普顿大学开设"战略创业"课程。第二种强调中介的重要性。依托中介平台完成创新创业教育，比如剑桥大学设有大学科技园，牛津大学赛德商学院设科技创业中心。第三种是引入外部力量。将利益相关者纳入双创体系，借助第三方的力量开展双创教育。英国大学通过 NCEE，HCGE 等机构合作提升老师的教学水平，提高学生的创新创业能力。

（三）日本的双创教育能力培养模式

日本对于创新创业能力的培养注重以下四个方面：一是对创业精神的启发型教育培养。利用综合选修课程，让有兴趣的同学加入进来，领悟创办公司和创业的价值所在，让学生感受创业过程中可能遇到的难题，体会创业过程中的艰辛，其代表有横滨国立大学。二是针对创业知识进行系统性教育。将"创业导入课"设计进必修课程，旨在向学生传递系统性的创业知识，培养独立的创业人才。比如立命馆大学将"实践科目群"纳入必修课程体系。三是对创业技能的演习型教育。庆应义塾大学就通过实验室支援项目给有意愿创业的人提供援助，该做法有利于缩短学生的创业准备期，缓解创业过程中的部分困境。四是为积累创业经验开展实战型的双创教育。大阪商业大学借助创业先锋班和创业俱乐部平台进行双创教育，该做法重在强调实战对于学生的重要性。

四、商科专业学生双创能力的培养策略

（一）商科专业学生双创能力的培养路径

1. 整合教学团队

商科人才教学团队主要是管理队伍和师资队伍，管理队伍整合从行政管理和学术管理队伍两方面来构建，高校行政队伍是高校的重要支柱之一，摆正党政关系，行政队伍树立"以师生为本"的服务意识，与广大师生沟通交流，征求他们的意见，改进工作。了解老师和研究生们的创新创业诉求，提高工作的灵活性，确保工作开展的有效性。尽量把师生需求落到实处。加强学术管理是深化双创教育改革的内在要求，学术队伍严格规范学术创作，强调科学论证，民主讨论研究生提出的创新创业项目，形成良好的学术氛围。

作为商科人才的师资队伍，采用专业教师与兼职教师相结合的方式，一方面，要广开教师资源，不仅要从现有教师中培养、选拔，而且还要吸引社会上优秀的企业家来学校做兼职教师，与研究生分享更多的创新创业经验，解答学生面临的种种困境。另一方面，要让学校中具有丰富理论知识的教师更多到社会中实践，了解市场具体情况、行业发展趋势、潜在风险以及创新创业企业的生存之道，使理论在实践中得以应用。对于那些具有理论知识与实践经验的教师，要注重教学方式的转变，采用学生喜闻乐见的形式加以引导，师生互动中产生新的想法，调动学生积极性，真正把知识转化为生产力。

2. 推行商业街活动

商业街是院校与企业联合创办的活动，具有创新创业意愿的商科人才可以参与项目的遴选，所有项目都不能有侵权行为，注重项目的创新性，遴选合格的项目才能拥有摊位的经营权，学校还要专门针对商业街提出相关的规章制度，设立专门的管理部门，使得商业活动井然有序。学生参与商业街活动的所得都可以自己留存，并且对经营良好、销量高的商铺颁发学校赋予的荣誉奖章，提高商铺在校内的声誉，学校还可以向校内全体学生或校外人员宣传商业街活动，一方面可以增强商铺收益，另一方面可以询问他们对商业街的看法和可行性建议。吸引学生积极参与，运用商业知识在实践中取得利润，强化商科人才创新创业意愿，名利双收的同时提高自身双创能力。

3. 商业社会实践参与

商科学生多以研究 FAMB 为主，即金融、会计、管理、经济学四个方向，这些方向贴合社会实际，也非常注重实践性。于商科学生而言，社会实践能帮助他们完成从理论层面到应用层面的进化。社会实践是学生创新能力的源泉，也是激发学生创新意识的不竭动力。商科学生培养更强调刚柔并重的能力结构特征，更强调工作实践的层级积累、工作能力和创新能力的培养。

（1）坚持"引进来"与"走出去"并重。

"引进来"，引进外部优质资源，如富有实践经验的客座教授讲座教学和技术设备等。让外部资源刺激学生的创新意识，激发学生的创业热情。利用沙盘模拟等实践教学让学生切身感受商业氛围，一方面可以培养学生的团队意识，锻炼团队协作能力；另一方面代入角色思考以此体会创业过程中所面临的问题与挑战。邀请实战企业家进学校为学生开展讲座，吉首大学商学院就借助风雨湖大讲堂平台让学子听到外面的"声音"，实践派的企业家与理论派的学子的迸发出不一样的思想火花；以"赛"育人，借助比赛的形式激发学生的创新意识，锻炼创业过程中所必需的团队意识等，本院开展的比赛有 MBA 案例大赛、企业模拟大赛、财务大数据应用能力竞赛等。"走出去"，利用三下乡、实地调研、暑假社会实践等方式走出学校，走进企业，走进真实地实践情境，不再局限于虚拟情境，实践出真知。实践情境相对于学校的模拟情境，案例塑造的情境更加真实，学生这一群体利用自己的探索能力自主培养自己的创新创业能力。坚持引进来与走出去并重更多的是强调商科学生与社会的双向接触，从实践中培养创新创业能力。

（2）发挥多主体协同培养作用。

建立健全创新创业人才培养平台和机制，需要多主体共同发力。创新创业教育的实践特性决定了必须构建双创教育实践平台，通过实践的各个环节让学生锻炼经营管理、自主学习、组织协调、社会适应、知识及信息获取能力，其平台的构建离不开大学、政府、企业的共同合作。大学向政府、企业输送人才，政府通过政策支持鼓励人才创业，企业向学校提供技术、资金等支持，借助实践平台实现产学研一体化。

4. 注重价值观的形成

双创能力的提升不仅需要知识层面的提高，学生的个人品格提升也很重要，成熟的价值观有利于迸发出更多的灵感，激发更大的创业热情。独立人格是创新型商科人才必备的人格之一，具有五个特征：一是保持对事物的新鲜感；二是思想上的独立；三是思维上的批判精神；四是行动上的创新；五是道德责任意识。具有独立品格的人才不拘一格，敢于创新，有强大的理想信念，正是创新型人才所需要的特征，也是刺激创新意识源源不断产生的内在条件，是所有能力和实践的基础。

学校、社会、企业的活动会影响学生价值观的塑造，良好的校园氛围，和谐的创业环境都有利于学生塑造正确的价值观知识。学生的思想道德、文化观念、心理品质、商科专业意识、专业态度、创新创业心理特质等各方面都会受到价值观的影响。

5. 构建 VPTP 教学平台

VPTP(虚拟实践教学平台)，是一种虚拟与现实结合的学习平台，把从真实社会中收集的数据信息嵌入到仿真的虚拟情境中，学生在校内就能够接触到企业真实运转情景，搭建了校内学生与企业真实场景之间的"桥梁"，有效解决学生在校期间不便去校外企业实践的问题。VPTP 平台可以结合"智慧校园"的战略规划，将互联网、"云计算"技术、大数据和其他软件技术融合使用，创建具有现代化特征的高科技虚拟实践情境，商科人才能够在真实的商业情境中实施自己的项目，校内理论学习与校外真实企业联合，能够获得现实中难以取得的创新创业实践全过程，职业角色扮演提供商科人才体验企业各职位的机会，在实践训练、创业大赛中提高商科人才创新创业能力。

同时，这个平台还支持课堂及课外知识的视频教学，商科人才不仅要学好专业知识，还需要了解前沿知识，通过这个平台，商科人才能够巩固专业知识，能在线聆听商科学者关于创新创业的前沿研究课程，因此，商科人才可以紧跟前沿，有目的地提高创新创业能力。

6. 构建跨科融合知识体系

学校构建公共基础知识、商科大类知识、专业知识等三大知识平台，嫁接基础学科与应用学科的知识体系，融通思政课程，强化课程思政，建立学生选课程、选老师的个性化管理体系。

完善基础通识教育与商科课程，搭建"厚基础"的知识体系。实施"专业招生、大类培养、自主选择"的培养方案，打通管理学与经济学的知识界限，搭建"宽口径"的知识体系，规定学生在修读两年商科平台课程后可以自主选专业与修读年限，拓展学生自主发展空间。

建立商科综合试卷库，要求学生毕业前通过商科综合知识考试，巩固跨学科知识学习成果。构建经管类实习与课程设计、专业综合实训、跨专业平台实训、跨专业组合毕业设计等多元化实践教学体系，夯实学生实践能力培养基础。

设置商科专业企业认识实习，学生通过5个非本专业商科平台实训考核才能毕业。每届组建6个以上的跨专业毕业设计团队，协同解决跨专业的复杂性问题。

7. 构建跨域交互教学方式

学校持续强化课程思政建设，将社会责任、企业家精神、职业道德教育植入专业教育。改革单一教学方式，应用"对分易""雨课堂"等教学工具，引入案例式、探究式、项目式教学方法，实施大作业、网考、多阶段练习等多种考试方式，全面提升学生素质，有效解决学生素质培养单一化、职业视野不广等问题。完善第一课堂与第二课堂的整合机制，成立跨专业指导教师团队，联合指导创新创业项目。创建大学生"创业实验室—格子铺"，每月召开经营业绩分析会；举办"创业案例研究论坛""创业管理小品大赛"，邀请校友不定期开办"创业讲堂"，举办创意与创业大赛，组织学生参加全国或省级学科竞赛与专业技能大赛；利用地方创业孵化中心、大学生科技园、72+创客工场等，通过实践提升学生的创新意识和创业素质。学生普遍认为，假期社会实践活动、各类社会兼职、专业见习实习、模拟创业活动等能较好地帮助他们提高创业能力。

8. 构建跨境交流合作模式

学校开展日韩暑期学生定期交流项目；与加州大学河滨分校合作开设国际班，以及"3+1+1"本硕连读项目；发挥"一带一路"中心节点城市区位优势，逐步扩大中亚国家留学生招生规模。学校注重拓展学生的国际化视野，增强学生道路自信、理论自信、制度自信、文化自信。引进海归高水平博士，选派中青年教师出境访学交流，激发教师的历史使命感、责任感，激励师生把个人发展与祖国进步结合起来，做新时代的追梦人。

9. 构建校企联合培养模式

学校打破单一培养模式的界限，走"1+1"校企联合培养之路。建立"1+1"人才培养基地，校企联合制定人才培养方案，学生在企业实习时视同企业员工来管理；建立"1+1"教学基地，让企业导师带学生到企业现场授课，使企业成为学生的第二课堂；建立"1+1"科研基地，针对企业经营发展中遇到的问题，由企业立项，校企合作共同研究课题；建立"1+1"实验室基地，将教学实验室直接建在企业；建立"1+1"就业基地，满足合作企业对毕业生的持续稳定需求。在应用型师资队伍建设方面，学校实施教师到企业挂职计划，同时聘请企业家为兼职教授或实践导师，每年举办"管理者论坛"，为学生带来异于学府的知识架构和思维视角。企业在专业人才培养、学生就业、教师科研、资源投入等诸多方面发挥了重要支持作用。

10. 设计创新创业课程体系

对于研究生课程体系的设计一般包括四个方面：创新创业通识课程，学习创新创业基础知识，让研究生对创新创业管理的发展、现状和趋势有初步的了解；企业管理课程，作为一个商科人才，企业管理的相关知识是必不可少的，让研究生在创新创业中掌握一定的管理技能，才能成为一个掌控全局的领导；科学人文课程，主要是一些文史类和科技创新类的课程，以提高商科人才的创新创业意识；创新思维拓展课程，根据学生的不同特点和需求因材施教，精准施教，授课形式多样化，满足学生兴趣，提高学生积极性、创造性。学习创新创业前沿文献，聆听国内外创新创业讲座，多案例分析等，拓展学生的创新创业思维，也可以结合我国高校实际情况借鉴百森商学院的课程体系。

11.培养大学生创新创业的素质

大学生创新创业素质是显性素质与隐性素质的综合，是工具性素质与人格性素质的结合体。因此，创新创业素质的培养是一项系统工程，也是一项长期工程，绝非一日之功。大学生创新创业素质的养成需要社会、学校以及个人的共同努力，也需要理念、机制、资源等方面的联动与支持。在社会层面，政府应该有明确的创新创业政策及导向，并有相应的支持体系，社会应当鼓励创新与创业，形成浓厚的创新创业文化氛围；在学校层面，应当树立正确的创新创业教育理念，优化创新创业人才的培养模式，并营造浓厚的创新创业校园氛围；在个人层面，应该在日常的学习生活中培养自己的创新精神与开拓精神，勇于尝试，大胆实践，提高自己的创新与创业能力。结合大学生群体的实际情况，对于培养创新创业素质提出以下建议。

（1）转变培养理念。

理念是行动的先导，大学生创新创业素质的培养首先有赖于教育观念的转变。

①传统教育理念的转变。我国的大学教育历来重视学生知识的传授，注重培养研究型和应用型人才，这是我国高等教育的优势所在。但这种教育观念的存在，也在一定程度上造成了重知识传授轻实践锻炼的倾向，使得我国大学教育在对学生创造力、创新创业精神的培养方面较为薄弱，缺乏对学生个性发展的引导和自我潜能的挖掘，一定程度上导致了人才培养与社会需求的脱节，无法满足经济社会快速发展的需要；从商科专业大学生毕业的去向来看，更多集中在就业、考研、考公务员、出国等方面，主动创业相对较少。

因此，对于传统教育而言，必须转变观念，不仅重视知识的传授，而且也要重视学生其他方面的自由全面发展，着力于创新创业精神与能力方面，提高学生的自我驱动力、独立自主能力和实践能力。加强个性化教育，使商科专业学生能够充分发挥自身特点，实现自我价值。

②创新创业教育理念的转变。创新创业教育本质上是一种素质教育，以培养具有事业心和开拓能力的个人为目标，以培养学生的创造性和创新精神为价值追求，创新创业教育的目的不是单纯地培养大学生的创业能力，而是要培养学生创新、创业精神和能力，一方面促进学生更好的就业或选择创业；另一方面通过创新创业教育提高学生的综合素质，为学生将来发展奠定良好的基础，并引导学生将创业作为未来的一种职业选择。创新创业教育有利于大学生知识、素质、能力的全面提升，有利于促进大学生成长成才，满足了国家与社会发展

对人才的要求，也符合高校教育改革和人才培养的目标。要树立正确的创新创业教育理念，把落脚点真正放在提高学生以创新创业能力为核心的综合素质上来。

（2）加快教学改革。

根据社会经济发展对多样化、多层次的创新创业人才的需要，应探索建立多元的人才培养模式，将共性培养与个性培养相结合。课堂教学是大学生创新创业素质培养的重要载体，要与时俱进，持续推动教学改革，充分发挥课堂教学在素质培养中的重要作用。教学改革是一项系统工程，要不断革新教学内容、改进教学方式、丰富教学手段，以破除一切阻碍大学生创新创业素质养成的因素，在教学层面为素质的培养提供支撑。创新创业活动具有突破性、创造性等特点，因此在教学内容上要突出前沿性和新颖性，将最新的知识传递给学生，使其能够掌握学科领域的最新动态，把握经济社会发展的最新趋势，为创新创业活动提供方向；在教学方式上，实施启发性、研究性的教学模式，注重发挥学生的主体作用，注重启迪学生的奇思妙想，注重培养学生的批判性思维，注重发挥学生的主体性。将原来由教师主导的教学传授性方式，转变为学生主动学习思考的探究式学习方式，鼓励学生主动思考，敢于质疑。在教学手段方面则要充分利用现代教育技术，创设融思想、知识、趣味、审美观于一体的情景交融的学习环境，激发学生的学习兴趣，调动学生积极参与教学活动的积极性。同时还要注重理论教学与实践教学相结合，强化实践教学环节，注重培养学生的实践动手能力、分析和解决实际问题的能力。第一课堂与第二课堂相结合，充分发挥第二课堂的作用。第二课堂是课堂教学的重要补充，也是大学生将理论转化为实践的重要途径。学生在参与第二课堂的过程中可以相互交流沟通，不同学科背景的人一起进行跨界思维，激发创新灵感；同时在第二课堂与人交流沟通的过程中，商科学生可以学会处理各种关系，应对各种复杂局面，提高了团队合作能力和应变能力。第二课堂内容往往与社会实践相联系，具有前沿性和及时性，这样有助于学校教育与社会接轨，提高学生的社会化程度，更好地融入社会。这种作用是无形的，可以潜移默化地影响学生，激发学生的探索欲和求知欲，将创新创业的思维和素质内化，促使他们更积极地参与实践，从而提高商科专业学生的综合创新创业能力。

（3）加大资源投入。

大学生创新创业素质需要在实践中得到培养和检验，因此，应当投入各项资源，为学生开展创新创业实践创设条件。除了学校之外，还需要政府、企业以及家庭多方主体的共同参与，使学生敢于实践，乐于实践，在实践中进一步提升自己的创新创业素质。政府层面主要是为商科专业学生的创新创业活动提供必要的支持，并利用政策对创新创业活动进行引导。政府应当建立完善的大学生创业服务体系，放宽大学生创新创业的限制，降低准入门槛，减少审批环节，给予特别优惠等，进一步减少创业壁垒，营造规范有序的创业环境。同时要完善大学生创业社会保障机制，应当通过"创业失败救助金""创业失败关怀"等行动降低创业的风险，减轻大学生的创业压力，保障其基本生活，增强他们的创业安全感，为商科专业学生开展创新创业活动提供有力支持。

要发挥企业作用，企业可以为学生提供实习的机会，创造各种条件，帮助学生更好地了解企业的日常经营活动，将理论与实践相结合，更好地开展创新创业实践。企业和高校合作也能达到双赢的效果，一方面有利于企业的雇主品牌宣传和人才招募，另一方面也有助于缓解高校创新创业教育资金短缺的难题。大学生家庭也应当转变观念和思路，有意识地培养学生的创新创业精神及各种能力，形成全面发展的完善人格。同时要改变旧的择业观，建立自由、开放、多元的择业观，应当鼓励大学生根据自身特点，勇于进取，不断创新，自主创业，在遇到困难时，要给予宽容和理解。

（4）弘扬创业精神。

在一个创新创业氛围浓厚的社会中，创新创业活动会受到鼓励与支持，创新精神与创业精神会被人们所推崇。创新创业不是少部分人的行为活动，而是作为一种普遍的社会现象和思想观念深入人心。在这样的文化氛围下，政府会投入更多的资源对创新创业活动进行扶持，鼓励全民参与；高校会更加积极地开展创新创业教育，以满足社会需求；而大学生的创新创业活动会变得活跃，自觉投身于创新创业实践，大量的创新创业人才将会涌现出来。

因此，在全社会进行创新创业宣传和文化建设，营造开放、进取、自由的创新创业氛围，对于大学生创新创业素质的培养也是很有必要的。创新创业氛围的营造是一个长期的过程，需要多方共同努力，持续推进。在国家层面，我国已经出台了一系列的政策法规支持和鼓励大学生创新创业，在全社会也进行了广泛的宣传与传播，但距离创新创业文化氛围的形成仍有很长的路要走。在宣传的方式上，可以利用各种传播媒介，如电视、网络、新媒体等宣传创新创业的故事与典型，宣传相关的政策与举措。积极传播正面信息，鼓励大胆创新，对失败持容许和宽容的态度，解除创新创业的后顾之忧，形成人人想创业、人人能创业、人人敢创业的文化氛围。

12. 强化意识、增长商科专业知识

高校商科专业应把培养高素质的综合性人才作为唯一目标，以人为本，把人才培养放在中心位置。商科学生要有创新意识，具体来说，就是要有问题导向意识和不以成败论英雄意识。问题导向意识，要善于发现问题、分析问题、解决问题，用敏感触角感知问题，转被动为主动，在完成学校基本任务的基础上，接触前沿知识，积极主动与同学、老师交流探讨，进一步产生创新灵感。不以成败论英雄，即不要将结果作为衡量双创教育开展是否成功的唯一标准，享受过程。现在大众对于创新创业的认知带有功利性的判断，认为创新创业一定要成功。

对于商科专业学生来说双创教育最主要的是去探索，去求知。切勿因失败的实践经历使学生对双创能力的培养失去信心，也切勿因创新创业教育能即刻带来经济利益而带有功利性，忽略了双创教育对人专业素质的提升。商科学生不仅要学好商科专业知识，而且也要对通识知识、相关法律法规、商业管理和服务知识以及商业创新创业知识体系都要有了解，熟悉相关知识有利于商科学生提高双创能力。学校也应调整培养计划改变单一的纯理论授课形式，采用多样化的培养模式，制定相应的双创培养计划，打破双创教育的局限性，力求在培养方式和评估模式等方面创新，以此鼓励学生开展创新创业工作。

13. 构建创新创业能力培养实践平台

商科人才仅有理论知识是远远不够的，综合实践能力也是必备的。培养实用型的商科人才需要把双创教育落到实处，把理论贯穿于实践活动之中，用理论知识更好指导实践。学校应建设商科人才创新创业实践基地、创业孵化器，响应全国各大创新创业赛事，开拓商科人才创新创业思维。

商科人才相较于本科生会有更多的创新创业想法，有更深远的打算，但是他们缺乏经验，涉世未深，在创新创业想法的实践中遇到许多挫折，即使部分学生综合能力比较强，创新意识较高，但想要创业成功还存在不少困难，无法把知识转化为真正的生产力。

所以，高校要利用现有资源，建立商科人才创新创业孵化器，为商科人才提供创新创业实践的办公场地、设备，最重要的是对商科人才的创新创业方案进行指导，为学生创新创业提供保障。建立在创业园基础上的创新创业孵化器能帮助商科人才评估创新创业方案，分析行业形势，使学生新颖的创业主意能够充分散发，并在专业指导老师的提点下进行高质量的创业活动，提高商科人才的创新创业能力，找到符合自己的创新创业道路。提高商科人才双创能力不

仅需要提供设备和指导，学校也要高度重视各项创新创业赛事，比如"互联网+"创新创业、"挑战杯""大广赛"等知名学科竞赛，竞赛培训和学科竞赛都进行学分化建设，对学科竞赛培训过程和奖励都设有学分，鼓励商科人才积极参赛，把所学知识与实际项目相联系，在比赛中修改方案，通过与其他队伍比拼来激发潜能，不断创新项目，促使学生在比赛中提高创新能力，同时促进学校教育改革，形成良好的赛事教学氛围。

14. 树立符合社会需求的创新性人才成长目标

加强大学生对新时代人才需求的认识，正确把握新时期大学生的思想脉搏，才能找准切入点，充分了解创新创业发展对人才的需求并在此基础上对大学生进行教育，能够更好地引导大学生树立成才目标。

（1）引导大学生明确成才目标。

不同的时代对人才的要求是不一样的，时代标准的不同导致大学生的成长成才目标也是不一样的。根据《国家中长期人才发展规划纲要》内容对人才进行定义，人才在广义范围是指劳动者，这一类型的劳动者必须要拥有专业的知识和技能，能够进行创造性劳动，通过自身的努力为社会的发展做出贡献。在这样的人才定义中能够看出，人才的培养是全方位的，并不只是知识技能的训练和提高，还要包括高尚的品德思想和优秀的人格。如何更好地帮助大学生树立正确的成才目标，应该从以下几点出发：

首先，把握好思想政治导向，通过多方式、多渠道将正确的政治导向传播给大学生，帮助大学生提升思想和政治觉悟，向大学生灌输正确的政治导向，提高大学生的政治觉悟并完善其道德品质的建设，使其形成符合社会主流的正确"三观"。还要把握好知识导向。知识的更新和时代的变革是不能分开的，因此引导大学生看清实际情况，抓住时机，增强紧迫感，不断丰富自身的学习和对专业领域知识的了解，时刻关注专业领域的新发展、新动态，关注政府国家的新政策，经过不断学习全方位掌握自己的专业知识，并在学习的过程中注意理论与实践的结合，加强实践操作能力，将自身所学的知识能够在实际生活中得到应用。

其次，为了让大学生更好地实现成才目标，需要大学生不断提高自己的能力，一是运用知识能力，大学生在校期间应注重运用知识能力的培养，多参加创新创业的实践活动，在活动中将已有理论知识与实际结合起来，不断积累经验，这样在毕业工作后才能更好地适应社会需求，更好实现自我价值；二是持续学习能力，大学生在学习阶段知识结构和内容都不均衡，而目前我国高校虽然已经进行了教育教学改革但对学生自主学习能力的培养还是不够重视，导致学生的自主学习能力整体较差，进入工作岗位后经常会遇到没有学过的知识，接受程度就比较差。这就要求大学生提高学习能力，将自身所学知识与工作迅速融合起来，更好地完成工作任务。信息时代要求大学生不断学习，以更新知识内容，丰富知识结构，这是企业创新和发展的重要因素，也是创新性社会对人才的要求。

最后，要把握好行为导向。主要包括引导大学生树立坚定的理想信念，有明辨是非的能力，在复杂的社会环境中能够认清积极向上的正能量和培养健康高雅的情趣；不断加固自身的思想防线，防止不良思想的入侵；加强思想道德修养，保障思想正直。同时，还应该积极引导大学生在生活中要自觉以正确的行为规范来约束自身行为，坚持优良的道德传统和情操，为保持良好品行守住道德的底线。

（2）引导大学生认知成才价值。

正确处理全面发展与个性发展是解决大学生对成才价值的认知关键，也就是怎样看待个人利益与集体利益关系的问题。引导大学生对成才价值的认识，就要注意区分全面和个体，但从根本上来说二者是辩证统一的，全面发展与个性发展相辅相成。当代大学生应该努力将自身价值与社会价值结合起来，使两者保持既辩证又统一的关系，这不仅是国家发展的需要，同时也是人类进步的必然要求。大学生要清楚地认识到个体的价值必须要在一定的社会关系中才能得以实现，但由于社会关系的原因，主体发展的需求就必须在社会关系的支持下转变为现实。

个人才能的不断进步不仅能够反映当时的社会需求，还体现了社会性的特点。要想实现个人的成长价值，就必须将个人价值与社会需求联系起来，切实将个人价值放在实际的社会生活里，理清个人的发展与社会责任的关系，在实际生活中能够自觉地承担起应尽的社会责任，这个国产的本身就是个人价值与社会价值的统一和实现。大学生能够将自身的个体价值转化为实际的行动，在具体的社会生活中体现出来，就是实现了自己的个体价值。大学生在进入社会后，会与他人形成比较和竞争的关系，在处理这些关系时，大学生应该正确面对在这些关系中的利己利他的问题和差异性、一致性的问题。在良好道德规范中严格要求自己，自觉承担起应尽的社会责任，实现有意义的人生。

随着社会的进步与发展，越来越多的人注重"软实力"，对于大学生而言，合作沟通的能力就是众多"软实力"中最为重要的。它不仅是个人能力的体现，同时还是企业和团队合作中的重点。通常在企业中大部分项目都是有团队合作完成的，这就要求每个团队成员具备团队意识和良好的合作沟通能力，以保证问题的顺利解决和整个项目的完成。在创新创业教育的实践环节中，学生的合作沟通能力能够得到锻炼和提升，这为大学生日后打下了坚实的基础。

（3）引导大学生加强社会锻炼。

与其他传统的理论课教学不同的是创新创业教育在说教的基础上更加注重实践，创新创业教育是一种实践性很强的教育形式。针对创新创业教育的这一特点，要求在教育学生要学好专业知识的同时，还要不断地提高创新创业的精神和能力，为了保证大学生融入社会发展中，还应积极鼓励他们致力于社会的实践。大学生是我国建设创新型国家的希望，也是人才强国战略的重要因素。要想让大学生的创新意识、创业能力得到普遍的提高，就要将大学生的创新思维与社会实践紧密地结合起来。因此，在对大学生进行成才教育时，要克服狭隘片面的实用主义教育观。

①要积极进行教学模式改革。掌握学科的前沿知识，努力将最新的科研成果贯穿到教育教学的始终，让学生了解专业的前沿知识，改变现有的教学方式，以学生为主体，培养大学生养成自主学习和独立思考的能力。充分利用多样化的教育教学形式和手段，如将实际情景导入教学环节中或者鼓励实现参加模拟实际教学形式再或者案例对比分析教学形式等。经过多种教学方式和手段的变化，实现增强学生学习的兴趣和提高学习感悟的目的。教学模式的改革中要重视学生对专业知识的理解和思想感悟，努力让学生完成自身的提高。

②要不断加强教育实践的环节。我们需要积极开展教育教学的相关实践活动，比如建立长期稳定的实训基地和实习场所，通过既定的教育教学计划，安排学生有目的有组织地进行专业技能的实际操作与训练，让学生能够在实践中主动将理论知识转化为生产力；还可以充分利用现有的资源搭建平台，让学生参与具体的项目中去，不断积累经验，树立大学生的创新精神和能力。成长在新时代的当代大学生，由于各方面条件比较优越，因此容易出现承受压力的能力较弱、过分看重个人利益和不服从管理等问题。但现代企业需要能够踏实工作和敬业上进的员工，所以高校应加强对大学生社会生存观和价值观教育，以便学生能更好地适应社会生活。

在创新创业教育中大学生应注重培养自己踏实敬业的能力，合理有效利用创新创业课程提供的资源，积极学习并主动参与团队合作项目。高校成长对大学生成才的教育培养，要按照党和国家的教育方针进行，并结合高校自身的实际情况，以人为本，更新思路，实现人才的高素质养成。

（二）商科专业学生双创能力培养模式

创新创业能力成为高素质人才必备技能，国家出台各项政策指导高校进行创新创业教育，双创能力培养路径切实可行，形成独特的培养模式，相较于第一课堂，第二课堂是培养学生创新创业能力的有效形式，但过分注重第二课堂，会因缺乏理论知识而无法将创新创业实践系统性的进行下去，因此也不能完全依赖第二课堂，把第一课堂与第二课堂高度融合的创新创业能力培养模式可以促使学生全面发展，且不会乏味。商科人才对商业管理的理论知识掌握得比较好，但第二课堂的参与度还处于较低的水平，这就要求院校重视第一课堂与第二课堂高度融合的创新创业能力培养模式。

第二课堂是指学生在学校的管理和教师的指导下，自愿参加有组织有计划的课外实践教育活动，比如各种创新创业大赛、孵化器中进行的创业项目、商业街活动以及沙龙讲座等。第二课堂形式多种多样，时间、地点都比较灵活，内容丰富，多渠道学习。第二课堂是第一课堂的有益补充，组织学生开展以兴趣爱好为导向的集体活动，头脑风暴的方式会产生思想的碰撞，开拓思维，迸发出创新创业的火花，从而促进创新创业能力的提升。

商科人才重视第一课堂，而对第二课堂参与度不高，学校在设计合理的课程体系时加入拓展创新思维的课程，整合教学团队时选聘优秀的企业人才到校兼职任课，并鼓励教师走入创新创业的一线，在第一课堂中加入实践元素，为第一课堂和第二课堂的高度融合打下基础。在实践中教学，在实践中运用理论，理论与实践相互促进，相辅相成是第一课堂与第二课堂高度融合的成果，以此模式提升商科人才创新创业能力。

（三）商科专业学生双创能力培养机制

1. 完善创新创业能力培养运行机制

质量保障是创新创业能力培养体系有效实施的关键，既要切实建设实践平台，也要筛选优等创业项目，同时还要提高教师质量。实践平台的创建不是形式主义、走过场，而是实实在在为商科人才创建的有益平台，使其利用效率最大化，激发平台项目创建活力。创新创业能力培养路径、模式顺利运行要求形成公平、公开、公正的教育环境，项目遴选遵循一定的规则，选出具有实用性的项目，保障运行项目的质量。鼓励教师交叉任职，积累经验，言传身教。

2. 完善创新创业能力培养保障机制

提高商科人才的创新创业能力不仅是学校教育的责任，也是政府和企业为未来发展需要做出的规划，政府＋企业＋学校的联合培养机制能为双创能力培养体系运行提供强有力的保障。资金来源是商科人才创新创业重视的一点，这可以依靠政府的支持，采用财政政策＋学校支持的方式实践研究生的创业方案，整合学校资源，依托政府帮扶，组建创业团队，让政府作为后盾并发挥着监督和推动作用。

学校要培养理论＋实践型的商科人才就要求研究生进入企业，了解并掌握最前沿的实战经验和市场信息，为高校商科人才创新创业能力提高指引方向，最终实现产学研深度融合。高校作为主体应当培养或吸引优秀师资，设计合适的课程体系，搭建实践平台，为商科人才创新创业能力培养提供全方位的援助。

3. 完善创新创业能力培养激励机制

经济进入转型期，可人才的思想观念还不能完全跟上要求，传统的教育体制导致我国人才缺乏一定的创新意识，加之家长传统的求安稳观点更不鼓励学生创新创业，他们极力规避风险，甚至对创新创业带有偏见，师资队伍缺乏实践操作经验，这些都不利于商科人才创新创业能力的提高。

因此，完善双创能力培养的激励机制首先需要统一研究生、教师、家长对创新创业的认识，使得创新创业思维不断生根，内在驱动创新行为的产生。鼓励商科人才参与创新创业理论与实践教学研究，设置关于双创实践的学分评定，奖学金评选规则，对于在创业实践中表现优秀的学生授予荣誉称号，并发放一定的奖金，以利益和荣誉诱导，并加以辅助，吸引商科人才踊跃参与创业实践，一展所长。开设创新创业教育类课程，以各种荣誉奖励以及职位评级引导教师前往企业挂职，总结经验，在实践中教学，加大"双能型"教师的培养力度。

第七章 新零售模式下商科专业建设与实践基地建设

为适应经济发展新常态，推动实体零售创新转型，国务院出台了《关于推动实体零售创新转型的意见》，为商业零售创新发展指明了方向。商科院校必须适应新零售业态发展的形势，紧紧抓住新零售业态的特点，加强商科专业与实践基地的建设。本章分为新零售模式下商科专业建设的策略分析、新零售模式下商科专业实践基地的建设两部分，主要内容包括：新零售模式下商科专业建设存在的问题、基于实战提升实践基地内涵建设等方面。

第一节 新零售模式下商科专业建设的策略分析

一、新零售模式下商科专业建设存在的问题

第一，现有专业设置不能适应零售行业的转型升级。2020传统零售企业将面临抉择，担心会被时代给淘汰。新零售的出现说明零售需要升级进化，而商科专业目前的专业设置并不能确保零售行业的转型升级。

第二，商科各专业课程体系均为自成体系，缺乏融合性。高职院校商科专业一般涵盖连锁经营管理、物流管理、市场营销、工商企业管理及电子商务等专业。各专业在进行专业建设时均有自己独立的课程体系，与其他专业缺乏融合性。

第三，新零售技术在课程上没有体现。由于高新技术发展很快，有些专业知识2~3年就会发生根本的变化（如新零售变革），因此引起高新技术的专门知识老化速度也在加快，然而基础理论知识则相对稳定。按高等教育培养人才目标要求，在课程设置中把学习新知识、新技术与加强基础文化和技术基础知识结合起来，有利提高人才的社会适应性和个人可持续发展能力。

第四，培养的学生不能适应企业需求。经过与多家新零售企业调研，发现新零售企业需要新技能，而在现有课程体系下培养的学生不具备这些技能。

第五，商科专业教师教学能力有待提升。现在高职院校商科专业教师缺乏企业实战经验，急需培训新零售知识，从而确保培养新零售人才的质量。

二、新零售模式下商科专业建设对策

（一）搭建新零售业行企校合作平台

在商贸零售业转型升级的大背景下，从本行业对复合型、创新型商贸零售人才巨大需求的实际出发，以群内各专业人才培养为基础，优化以学生为中心的"四阶段能力递进"工学结合人才培养模式；以创新精神和创业意识为重点内容，以零售企业工作流程为主线，以提高销售业绩、降低经营成本为基本能力，建立成果导向理念下的复合型人才培养模式，培养全渠道、复合型、创新型商贸零售人才。人才培养过程中，注重商贸文化的熏陶，发挥文化育人功能，营造"商人、商帮、商道"为主题的商贸文化环境，建立商人素质养成体系。传承创新民族文化，注重培养适合"老字号"改造升级、"原字号"深度开发、"新字号"培育壮大的复合型商贸零售人才。

（二）注重商贸文化素养，建立复合型人才培养模式

根据商贸零售企业具体岗位职业能力和职业素养的要求，新零售人才为导向，重塑课程体系，以成果导向(Outcome based education, OBE)教育理念为基础，坚持"平台＋模块"的思路，构建"综合能力训练平台＋特长能力提升模块"课程体系。

课程体系坚持技能培养与素质养成并重，包括素质通识课、专业统整课、专业核心课、专业选修课程四种类型。专业统整课包括《市场营销》《客户服务管理》《新媒体应用技术》《零售数据挖掘与分析》四门，是以营销、物流、电商、门店、运营、金融等部门主管应具备的专业知识为基础，提炼出市场调研、数据分析与挖掘、客户服务、新媒体应用等四种群核心能力。比照《悉尼协议》认证规范，运用"互联网＋"新媒体技术开发的共享课，促进学生掌握"提高销售业绩和降低经营成本"等就业核心能力。

专业群在各专业核心课程与群共享课建设基础上，配套建设选修课程学程。专业选修课程下设跨域模组和应用模组。应用模组为必修课程，以商业计划书的撰写与实施、体验中心轮岗实训为主。跨域模组为选修课程，分营销技术、物流技术、岗位创业、门店运营、网店推广、投资理财六个模组，专业选修遵

循跨专业、跨领域原则，各专业学生在完成本专业核心课程学习的基础上，跨界跨域学习选修课程，从其他五类模组任意选三门模组课程。

（三）加强教师自身的能力

1.建立"面向学生职业发展"的动态的教师评价体系

评价体系是教师教学热情和教学能力提升的催化剂，是教师从事教学改革的指挥棒。"面向学生职业发展"的教师评价体系主要在评价主体、评价指标内容、评价权重等方面进行改进。评价主体除了传统的学生评价、同行评价和专家评价外，增加用人单位评价和毕业生评价。用人单位主要对所聘用的毕业生知识水平和实践能力进行评价，毕业生根据自身职业适应能力和职业应变能力对教授其课程的教师进行评价，这些将间接反映教师的教学能力和教学水平。评价指标内容应涵盖教学目标、教学手段、教学效果全过程。评价教学目标的指标应有利于促进学生职业发展；评价教学手段的指标应有利于培养学生职业适应能力和职业应变能力；评价教学效果的指标包括两部分：一是学生在校期间的学习效果，二是学生毕业后的职业发展状况。指标权重是反映各个学校、各个专业教育教学侧重点的环节，体现本学科特色的指标所占权重一般相对较高。因此，商科教育理应在与"新商科"的需求对接方面有所侧重。为了鼓励教师侧重培养学生的创新能力，应在评价教师是否采取激励学生创新意识的教学手段和教学内容等指标上增加权重。

动态的教师评价体系是一种形成性评价，主要指该评价指标内容及权重与时代发展相同步，评价的目的是通过评价活动推动教师新能力的形成。一方面评价指标应随着商业发展的变化而变化，侧重评价教师授课内容是否与本时代商业发展需求相一致；另一方面评价指标和内容要具有前瞻性，侧重考核教师授课内容是否能够满足未来商业发展的需求。教师能力应呈现动态发展过程，因此在评价指标体系中，应设置评价教师能力是否有增长变化的指标，以此促进教师能力不断提高。在完善评价体系的同时，也应注重反馈渠道畅通，保证评价结果被教师接收和接受，允许教师对评价结果提出异议，以利于评价体系的不断完善。

2.建立"刚性"的教师实习实践制度

十九大报告提出，要"深化产教融合、校企合作"，这也成了商科人才培养的重要途径和方式。校企合作是学校与企业开展各方面的合作，促进双方的资源互换、优势互补、协调发展，最终达到共赢的目的。传统的校企合作多侧重为学生提供实习实训场所，但高校教师大多数都属于"学校—学校"类型，即从学校毕业直接进入高校任教，缺乏工作经验和实践经历，导致在实践和应用方面对学生进行指导的能力不足。又由于教师教学、科研任务较重，多数人会忽视自身实习实践能力的提高。因此，应对教师实习实践能力的培养提出"刚性"要求，通过规范的制度予以确定，打通教师提升自身实践能力的路径。

首先，对教师参加实践的时间要求是刚性的。当教师刚参加工作，在见习期内学校一般不安排教学任务，新任教师可以根据自己未来可能教授的课程，自主选择或由学校安排实习实践单位。当商科专业教师长期从事教学活动，应要求教师每年参与企业实践活动累计不少于一个月，以此保证教师能够时刻掌握商业发展状况及企业对商科人才的需求状况。其次，对教师参与实习实践的过程要求是刚性的。学校对商科专业教师参与实践工作的地点及内容应进行原则性规定，如必须在商业类单位实践，工作内容应尽量与教师教学内容相关等，以保证教师实习实践制度的有效性。最后，对教师参加实习实践的成果要求是刚性的。教师需要将实习实践的收获、感受等转化为教学能力，通过撰写研究报告或设计教学改革方案，将实习实践成果转化到课堂教学或指导学生提高实践能力的过程中。

3. 打造"终身学习"的师资培养模式

在2013年的教师节，习近平总书记给教师们的慰问信中明确提出：教师应当"牢固树立终身学习理念，加强学习，拓宽视野，更新知识，不断提高业务能力和教育教学质量，努力成为业务精湛、学生喜爱的高素质教师"。2014年，习近平总书记在讲话中提出好教师的"四有"标准，提倡教师要坚持终身学习，进一步强调了终身学习的重要意义。面对当前商科人才职业发展的新趋势，市场要求"应用型""创新型""复合型"的商科人才，这就要求高校商科专业教师始终具备良好的商业知识，才能更好地培养符合市场需求的商科人才。因此，打造商科教师"终身学习"的培养模式尤为重要。

首先，积极为教师提供学习平台。学校可以集体购置教学软件或与培训平台合作，开展网络培训，使教师在工作之余随时可以进行自学，也可以将商业精英或商科教学名师请进校园，与教师面对面交流，现场回答教师问题，解决教师教学过程中的困惑。其次，鼓励教师走出校园，向社会各界商业精英学习，通过听讲座、参加社会培训提高自身素质和能力。短期的进修或访问学者都是教师学习的良好形式，在选拔培训人员过程中，学校不应设置年龄、学历、性别等标准，而应尽量让所有教师都享有平等参加培训和学习的机会，避免教师之间产生能力水平的巨大差距。最后，对教师参加培训的形式、时间和结果要进行严格的考核，使学习真正见效果。此项要求也有利于督促不愿意学习的教师，必须参加学校组织的学习、进修等活动，实现提高教师能力的目标。

（四）建设"线上线下融合"的全渠道商贸零售体验中心

布局"线上产品下行＋线下产品上翻"的产品线，应用"智慧物流＋金融泛支付"技术，配合新媒体宣传媒介，实现"实体销售""消费体验""娱乐交友"商贸零售三大基本功能。利用智能体验中心洽谈承接阿里巴巴网上业务，利用微商教学项目部，以真实项目为基础，训练学生综合能力。以小时津贴为激励机制，激发学生的积极性和创造性。将跨专业能力融合训练与真实工作有机结合，促进学生提升能力，有步骤、有成效、零距离就业。

（五）开展国际合作新模式、多种形式的中外合作办学方式

依托新零售研究所开展社会服务，加强对商贸零售转型升级的研究，扩大承揽项目的范围，增加服务项目，升级名师工作室为"智慧商业研究所"，下设"微营销工作室""大数据工作室"，加强零售业统计监测和运行分析工作，整合各类信息资源。微营销工作室注重引导各类市场主体合理把握开发节奏、科学配置商业资源；大数据工作室主要为企业创新转型提供技术、管理、咨询、信息等一体化服务。

第二节　新零售模式下商科专业实践基地的建设

一、依托专业集群规划实践基地建设

所谓专业群，主要是指以一个或几个实力较大的龙头专业作为核心专业，若干个技术领域相似或者专业基础相近的相关专业组成的一个集合。依托专业群来构建实训基地建设，就是以专业群中的龙头专业或者重点专业为核心，辐射其他相关专业，来构建实训体系。依托专业群来构建实训基地，可以减少实训基地建设中不必要的重复投资，同时也可以提高实训基地内软硬件设施的利用率。依托专业群规划实训基地的建设还能在实训岗位的多样性、实训布局的系统化、专业应用的综合化上有很大的裨益。

二、基于实战提升实践基地内涵建设

在当前的形势下，新商科专业实训基地的建设应该努力摆脱以往传统的模

拟实训体系，而应该更多地以实战教学为基础，以项目驱动任务导向的教学方式，从市场需求的就业岗位出发分析技能的需要，对应相关的课程体系与实训内容，为工学结合创造良好的条件。在新商科类实训基地的建设中，着力打造经营性创新、创业的工作室，公司化运营的项目小组等，让商科类学生在实训基地内的经营业绩与专业成绩挂钩，并且将营销利润与学生进行合理的分成，充分调动他们学习与工作的积极性。在课内开展相应的实战竞赛，通过小组PK 等形式，让学生在实战中了解商品、了解市场、了解客户，懂得商业运营的基本方法和技巧，提高核心技能水平，增强今后到企业岗位的适应能力。

三、将 AR 技术运用于商科实践课程

（一）将 AR 技术运用于商科实践课程的策略

AR 技术在高校教学中的应用程度一般有四种，即浅度应用、中度应用、高度应用和深度应用。使用真实感随着应用程度的增加而增强，而根据商科专业实践教学的课程结构分布，对 AR 的应用程度也可以按实践教学的不同结构进行不同程度的应用。

1. 课内实践对 AR 技术的应用

商科专业的课内实践基本是案例分析和情境教学，可以对 AR 技术进行浅度应用。让学生在进行案例分析时能够得到清晰的图像和画面，不再靠想象去进行分析，让案例分析变得更加简单和直观，尤其对抽象能力比较欠缺的学生有很大帮助。而在情境教学中，也可以让模拟情境与教学环节更加贴近，让学生感受到空间的转换，从而在学习过程中有更清晰和真实的感受。

2. 课外实践对 AR 技术的应用

这里说的课外实践一般是指的课外校内实践。近年来，各大高校对于商科专业的课外实践也提供了很多模拟实践、对抗竞争之类的教学方式，让学生的实践活动丰富了很多，有一定的效果。但是，如果能在课外实践中高度运用AR 技术，可以将实践内容和教学内容达到高度的吻合，让学生能够再一次对所学内容进行复盘和亲身感受，能够更加容易地显现和判断学生的学习成果。对比沙盘或者自由模拟等方式，能够更加还原，并且帮助教师进行学习成果判定。

3. 校外实践之前对 AR 技术的应用

校外实践实际上就是学生在学校和社会之间进行对接，已经不是完全意义

上的学习了。在学校一次实践不合格可以再次多次学习，但是投入到真正的工作岗位实习之后，如果能力不行那么失去的就是工作，但是想要刚刚离开课本的学生迅速投入真正的实战当中，并且很少犯错是很困难的。所以，在商科专业的学生真正进行校外实践之前可以通过深度应用 AR 技术，将教学内容进行无痕转换，让学生在不用被淘汰的情况下切身感受真实的校外实践，这样在后期的实践活动中更容易适应实践岗位，不易被淘汰。

4. 需要培养更多精通 AR 技术教学的教师

在传统概念中，教师的主要工作是传授书本上的理论知识，所以高校中擅长实践教学的教师还是很缺乏的。如果要在商科专业实践教学中运用 AR 技术，那么首先就需要培养一批精通 AR 技术教学，能够完美进行 AR 教学设计的教师，对真实业务操作熟悉，从而在虚拟现实的情境下才能给学生更好地指导，因此培养"双师型"教师也是提升仿真实训教学的必要条件。

（二）应用 AR 技术的综合实践课程建设

为了加速应用型人才的培养，减少学生走上工作岗位后的不适应，提升实际工作能力，天津商业大学管理学院开展校内综合实训，将学生岗前职业培训搬到校园。形成认知实训、专业技能实训、跨专业综合实训的分阶段多层次虚拟仿真实训体系。

在原有 VBSE（虚拟商业社会环境）跨专业综合实训基础上，规划增加 ARE（增强现实教育）虚拟仿真平台，让学生在校园内利用软件设备可以身临其境地体验到与现实多种行业工作一样的情境。教师可以利用 ARE 平台进行企业情境构建和业务案例解说，学生也可以进行角色模拟与体验，在现实与虚拟世界交叉的情境中，完成真实感与立体感皆强的岗位实践工作，激发学生主动去学习探索，极大扩展学习者的知识范围，训练参与者的素质技能，如表 7-1、7-2 所示。

表 7-1　ARE 虚拟仿真教学平台课程前导方案

课程目标	借助增强现实教学平台的功能，快速帮助学生了解企业，形成对企业组织架构、业务流程、单据流程、管理方式的快速认知
课程价值	通过充分发挥增强现实教学平台的沉浸性、情境性和感知性的功能优势，在学生没有参观和进入企业实习的情况下，能够取得同样的甚至超过在企业参考和实习的效果，建立学生对于企业的直观印象和初步认知

课程特色	①情境性。充分发挥 ARE 平台的 3D 显示和情景构建优势；②充分发挥"可视化学习"的优势，将"所见"和"所知"结合
主题内容	①企业游历（ARE 平台）；②了解企业；③认知企业"三流"；④初识企业管理；⑤初识企业管理

表 7-2　课程设计

	课时安排	内容单元	学习目标
课程设计	1 课时	企业游历	通过 3D 技术现实的高仿真企业，迅速建立其对于企业的直观印象，形成对于企业各个要素的初步感知
	1 课时	了解企业	通过对企业岗位、数据、账目的查看和知识加工，开始从"静态数据"层面了解企业的内涵，对企业的业务逻辑进行建构，为深度了解企业做好准备
	3 课时	认知"三流"	通过操作和完成典型的业务闭环流程，深度认知企业的物流、信息流和资金流的逻辑
	2 课时	初识管理	通过系统、完整的单据填写和流转，初步认识企业的管理语言和管理方式
	1 课时	课程总结	全面梳理基于实训和课程的体验，巩固学生对于课程的收获和认知

　　依据 ARE 教学平台的模拟案例数据，通过单人多岗的巩固性训练完成企业典型业务专项实训，学员可以熟练地处理各业务场景涉及的单据并理解上下游的流程原理，提升学生的岗位实践能力，通过单人单岗完成企业一个月经营中的计划、采购、仓储、生产、销售、财务等各项经营实践，为后面的综合实训奠定基础。此部分内容可以更好地成为前导课程，增强原有企业模拟运营等相关课程的仿真效果。

四、构建商科跨专业综合实训

（一）以区域经济为基础

　　"职教二十条"为高职院校的任务定位为服务地方经济，所以高职院校培养人才的目的应该立足本地，服务区域经济。不同地方的经济结构不同，毕业生所需要面对的就业环境也不相同，如何配合地方经济设置综合实训环境就需要认真考量。在综合实训开设前要对区域经济和学校专业进行充足的调研，保证专业对口、行业对口、岗位对口。

（二）以商业环境模拟为平台

合理的商业环境会为学生带来沉浸"职场"的感受，但也要有模拟商业运作的平台。在信息化教学日益深入的今天，一个好的实训模拟平台不但可以帮助学生更容易融入"职场"，而且可以与企业进行对接，把企业的工作流程和工作环境搬进校园，这也解决了商科校企合作难的问题。

商业环境模拟可以让学生增加"职场体验感"，以工业制造业为例，设计以生产制造业务为驱动、以现代服务业为环境的仿真综合运作内容体系，面向现代企业对人才专业性复合性和创新性的要求，服务业与制造业协同、供应链竞合、生产业务链、流通业务链、资本运作业务链相互交织、高度整合的网络状仿真综合运作内容体系，在仿真、复杂的、动态的环境中进行能力和素质的训练。

让学生充分了解供应链，把书本中学到的东西运用到实训当中，不但使学生知识掌握得更加牢固，更使学生能够把所学的技能融会贯通，知其然也知其所以然，更好提高学生的学习兴趣，不管对于学校还是学生都是双赢的局面。

（三）以岗位技能训练为媒介

学生在校期间学习了很多专业技能知识，但如何把这些知识转化为技能，如何把技能再运用到生产中学生并不是很清楚。跨专业综合实训定位岗位技能培养，实训中学生以所学的专业技能为基础，体验专业技能在岗位中的应用，不但考验学生知识掌握度、技能熟练度，也考验学生把所学知识运用到岗位中的能力。使学生所学从专业技能过渡到岗位技能，个人定位也从学生过渡到员工，从中培养学生的职业道德素质和专业技能素质。

（四）以岗位学习能力为核心

跨专业综合实训是一个自我学习的过程，考验的是学生熟悉岗位的能力，学习岗位技能的能力，快速更新知识的能力。学生要快速调整定位、调整心态，完成从学生到职员的转变，从专业到岗位的转变，从熟悉岗位到胜任岗位，锻炼在学习中创新，在工作中创新的能力。

（五）以综合素质培养为目的

现有大多数主要课程主要培养学生的专业技能，这就造成了学生高智商低情商，能力有余沟通不足，只顾自己不顾团队等问题的产生。在企业调查中，企业对于团队意识、沟通能力的需求甚至大于对专业技能的需求。跨专业综合实训就弥补了专业在人才培养中的缺失。"跨"既指本专业的学生跨专业、跨岗位进行其他专业岗位的实训，又指综合实训不止一个专业，而是多个专业进行跨越、交叉实训，从而不但培养了学生的一专多能，又培养了学生的团队合作能力，沟通能力和适应职场能力。

五、建设商科专业实践的支持系统

（一）商科实践支持的要素模型

可借助在线教学支持系统作为实践支持平台，利用其资源发布、用户交互、资源共享、教学管理等功能，进行信息传递、实施线上线下一体的混合式教学活动。

1. 基于在线实践支持系统的商科实践实施流程

实践前，学生学习准备知识，教师获取学生反馈：教师安排来自产业学院的实践资源（工作室、企业导师），确定项目集、项目指导书、进度计划；布置学习实践材料的任务，并安排学生在线自测；师生互动，与学生交流，获取学生的反馈信息。学生自主学习，学习实践材料，如观看微课，完成准备知识练习，在线交流、在线反馈。平台提供知识管理、学习社区、站内信、播放软件等工具支持。

实践中，完成典型任务：教师根据准备知识自测和互动交流数据，布置要完成的典型任务；明确学习目标，发送任务单、项目指导书，共同制定进度计划；疑难解答、个别辅导、集中辅导、制品点评。学生自主学习和小组协作，如果能自主完成典型任务，就独立操作，否则，就进入小组协作环节，并寻求个别辅导和集中辅导。学习成果是生成制品，并提交小结和撰写报告。平台提供个人知识管理、群体知识管理、办公软件、播放软件、学习社区等工具支持。

实践后，评价反思：教师收集整理学生的反馈信息和实践报告，进行学习评价、教学反思。学生进行自我评价、小组评价，提交实践报告、撰写学习记录，并进行补救学习、拓展学习。平台提供 wiki、优秀作品展示、实践日志记录、办公软件等工具支持。

2. 商科实践的支持要素

实践支持要素是指实践支持中，实践支持产生、变化、发展的动因，是直接影响实践效果的因素，是为学生达成实践学习目标而提供支持的实践资源，这种资源可以表现为显性的或者隐性的。产业学院就是一种综合的实践资源，包括实践材料、实践环境和实践支持条件。在产业学院环境中，真实企业化的实践环境、多元化的帮助条件、市场化的实战项目任务是产业学院的实践支持三大要素。

（1）市场化的实战项目任务。

实践材料包括实践指导书、企业真实任务单等物化的资源和各种以数字化形态存在的素材、软件、补充材料等。产业学院环境中，学生做的实战项目任务是来自于企业面向当期市场正在做的项目任务，有价值感。

（2）多元化的外部帮助条件。

支持条件是支持实践者有效实践的外部条件，包括学习能力的支持、产业学院校企共建设备设施的支持、人员的支持（提供产业教师），是实践资源的内容对象与实践者沟通的途径、平台，具有媒介传递信息的"通道"功能，而且也是构成实践活动的实践空间和实践领域。在产业学院环境中，不仅可以利用学校的设备设施，还可深入企业使用企业的资源；学生不仅可以向学校老师寻求帮助，还可以向企业人员（产业导师）寻求帮助。

（3）真实企业化的实践环境。

实践环境既指实践过程发生的地点、企业真实项目实战情境，也指学习者与实践材料、实践支持之间在进行交互过程中所形成的氛围、互动方式和交流效果。产业学院所提供的实践环境是按照真实企业的运营要求建设的，相当于企业内训的环境，给学生快速融入职场创造了有利条件。

3. 商科实践支持中的关系模型

商科产业学院是目前较为典型的商科实践环境，在此环境中可以罗列出众多支持关系，如学科教师对学生的支持、产业管理人员对学生的支持、学生对学生的支持、学校对学科教师及行政人员的支持、教师对教师的支持、行政人员与学科教师的相互支持、学生对学科教师和行政人员的支持等。

技能形成的过程就是程序性知识建构的过程，商科课程实践中，这个过程可分为两个阶段：个体自主学习和小组协同学习。所有的实践都是根据预设目标，通过任务单了解任务，从自主学习实践指导书开始。如果任务所涉及程序性知识的结构清晰可操作性强，按照项目指导书就能顺利完成任务。如果任务所涉及程序性知识的结构性不具体明确，或任务本身就是难度大、有创新性的成分，那么就选择采用协作的方式进行，按照协作学习的机制来建构程序性知识。例如，市场营销课程通过实践培养学生的专业技能，主要是通过创设营销情境，让学生运用所学知识解决问题。营销情境常常是变化不确定的，实践任务的完成常常表现为所学知识的综合运用，作判断、作决策或作策划方案，实践中的创新成分明显，基于小组协作的协同知识建构使学生的观点共享、碰撞、质疑，通过意义协商，协同生成文化制品或认知制品，经过情境变式的多次循环训练，学生运用营销知识、工具在类似情境中解决问题的程序性知识才能巩固，心智技能才能形成，所以小组协作是商科实践常用的有效模式。

所谓协同，即同步、和谐、协作、合作的意思。在实践支持中，为完成预设目标，校企之间、师生之间、学生之间、教师之间的交互作用都应协同一致。产业学院环境中，主要的协同关系如下。

校企协同：知识建构的任务来自企业真实的项目或仿真模拟。学校通过师生工作室、产业学院承载来自企业的项目，来自企业的兼职教师把控项目能按企业的要求进行，并对实践产生的文化制品进行评价。学校教师要进行实践教学设计，保证实践活动符合人才培养方案和课程标准。教学评价校企共同完成，学校教师与产业教师一起对学生进行指导，并对学生的实践报告、实践过程表现和实践成果进行评定，完成实践教学管理的相关资料并归档。

师生协同：在实践过程中，学生是程序性知识建构的主体，仅靠学生自主建构难以达到知识建构的深度，也难以达到学习目标的高度，需要发挥教师的指导、学生的配合，只有加强师生协同才能达成技能建构的深度和高度。例如，预设目标、项目指导、过程绩效和制品评价等都需要教师和学生的协同才能完成，并达到预期的效果。

生生协同：实践教学的主体是学生，学生根据实践目标和激励规则组成学习小组（学习共同体），在预设的学习环境中，利用学习工具，在小组内表达观点、质疑、协商，生成文化制品和认知制品，相互支持，学生技能得到训练。小组团队作为被评价的对象，有助于团队合作心理素质的培养。通常在协作学习中，逻辑分析、团队合作和有效沟通等商科的通用素质也会得到有效训练。

师师协同：学校专任教师与来自企业的产业教师互相支持。学校教师擅长教学设计，产业教师具有第一线的产业经验，互相学习，优势互补，共同成为学生的实践支持资源。

综上，实践支持系统应满足以下基本需求：支持个体知识管理、群体知识管理、知识存储；支持师生互动交流、专任教师与产业教师的交流；支持隐性知识管理，即学生撰写实践报告、总结经验；支持校方、企业方协同实施教学评价。

（二）商科实践支持系统构建

本应用系统分为系统管理、知识管理、实践学习社区三个子系统。系统管理涉及保障系统正常运行的基本设置，包括用户管理、角色管理、权限管理、公告管理、帮助管理等功能。知识管理子系统针对个体知识管理、群体知识管理、隐性知识管理以及知识存储等需求来设计，一般涉及知识获取、传播、运用和创新等环节，包括知识库、知识地图、知识检索、撰写实践报告和总结经验等功能。实践学习社区要满足支持师生互动、教师交流、学习激励、校企实施教学评价等需求，包括以下功能：问题分类存储、内容结构化、支持视频课程、通过教师评定、组内学生互评、组间竞赛等激励方式督促学生参与到学习中来；学生在线求助，可向专任教师、企业产业教师、同学求助；学习成果展示，所有的作业、制品都发上平台公开，每个同学讨论评价，这个评价与学生的作业成绩挂钩；小组协作，设组内讨论区，只能小组成员和指导老师才能看到讨论过程。

1. 知识管理的支持

（1）技能知识建构的支持。

知识管理的主体可以是个体，也可以是群体。个体知识管理是用户与知识库借助工具进行交互，实现知识表达、分析、组织、检索、评价、保密和协作认知等需求和功能的过程。群体知识管理主要是在个体知识管理基础上要实现知识分享、共享、文档协作等需求和功能。实践支持系统中，个体知识管理的目的是将碎片化的案例资料、应用场景资料及相应的解决方案整理成更具价值的知识，有利于实践水平的提高，其内容包括知识的创建、分类、索引、检索（搜索）、分发、再利用价值评估等，其中，知识分类是关键。

从应用角度看，知识应包括事实、原理、技能和人际知识四类。实践支持系统的知识管理关注的是技能知识，即关于怎么做的知识，是一套关于解决问题的技巧和方法的知识。在当前技术条件下，有一些成熟的知识管理编辑工具或内容管理系统可以利用，可以借助这些工具来实现知识分类管理。对于商科实践资源利用的问题，主张建立项目任务资源共享库，以商科情境为线索建立情境案例库，教师共享资源。多个同类情境任务归类，是同类问题的变式，多次变式训练，有助于技能形成。这样可以解决资源分散于各任课教师、实践资源缺乏、利用率不高的问题。

（2）隐性知识管理的支持。

从认知角度看，知识有显性和隐性之分，显性知识可以被清晰编码后存储于计算机知识库中，可以通过文字、形象进行精确沟通传授，而隐性知识难以编码，通常需要通过自身体验、直觉等来获得，并通过直接交流进行经验分享与传播，如营销实践中的很多个人经验都属于隐性知识。商科实践任务是情境化的，通常设置项目的典型任务情境，让学生运用相关知识解决问题，体验问题解决的过程。同类情境问题的解决，每个学生的体验可能不一样，有自己的风格，那么就要求学生撰写实践报告、写小结，把自己的体验经验表达出来，这就是隐性知识显性化。实践支持系统会通过 wiki、社区等方式提供支持。

（3）个性化实践的支持。

设计个性化实践支持的基础是获取个人特征数据，而这也是隐性知识管理的重要内容。在实践支持系统中，可以基于隐性知识共享来获取学生实践的个人特征参数，搜集学生在实践过程中各个方面的数据，包括阅读实践指导书和视频的时间、次数，查询其他资料的时间次数，检索关键词的内容、次数，对讨论主题回复的内容被引用的次数、被校内老师和产业导师点赞的次数，小组讨论发言的次数、点评他人制品成果的次数，学生对特定文档的评价以及学生创建的文档的关键词等，对这些数据的分析得到用户个人特征的一些信息。随着系统使用量增大，积累的学生特征信息会越来越丰富，就会对学生特征的了解越来越全面。

2. 实践支持社区设计

创设线上实践支持社区，提供协作学习的支撑平台，支持产业学院各方，如校企之间、学生之间、专任教师与产业教师之间以及师生之间的知识分享与积累，也是解决照搬传统课堂教学模式解决实践问题无效果、缺乏学习支持、缺乏学习激励问题有效措施。协作学习是指学习小组在教师指导下在信息技术支持下，小组成员通过竞争、辩论、合作、问题探究、角色扮演等基本活动形式达成小组目标的学习模式。我们认为商科实践内容来自岗位工作内容，情境变化多端，协作学习模式适合这种探究性的学习活动。在产业学院商科实践支持社区的设计中，应把协作学习的理念应用其中。工作内容简单、重复的，协同协作实践意义不大。

而商科技能实践内容的程序性知识不太严密，大多是一种知识的综合运用，是一种心智技能，是一种研究性活动。所以，依据协作学习理念来指导实践支持社区的设计。我们认为，商科实践是在教师指导下学校师生利用企业资源各方协同帮助和支持学生建构程序性知识的过程，基于小组合作的混合协作学习是主要模式。这里主要以组织的建设与激励机制为例作为说明。

组织与分工：实践学生按 3 ~ 6 人分组，每组设一名小组长。除了主讲老师外，还有来自企业的产业教师作为实践指导。在实践开课后不久，根据学生的表现，选择表现优秀的学生作为助教，协助主讲教师完成对小组学生的帮助。

激励机制：目标激励、典型激励、奖惩激励、情感激励、竞赛激励是老师们在教学实践中常用的激励方式。激励主要在作业、社区活动中体现出来。一是目标激励。在产业学院实践支持系统中，对学生的学习活动计平时分，通过课程的平时分数作为一种激励的手段，同时让学生实时地看到自己达到的分数目标，吸引他们多参与学习活动，去努力实现目标。二是典型激励。在实践支持系统中我们把优秀的课程作业作为精品特别展示，一方面是对作者的目标激励，另一方面也是对其他同学的典型激励。三是情感激励。产业学院专业教师、产业导师对学生适时表达信任、鼓励、关怀等情感能强化学生的学习行为，如在实践支持社区中设置对学生发言点赞的功能。另外，在实践活动和实践支持系统中设置挑选表现优秀的学生作为学生助教的功能，教师的肯定和学生的信任是一种很好的激励。四是奖惩激励。在实践支持系统中设置奖惩机制，对在实践社区中的表现实行积分制，对学生积极进取、友善合作的行为给以肯定，如发言的次数、对别人问题的回复次数、对问题的回复被点赞的数量等都计入积分，作为学习成绩的组成部分计算总分。五是竞赛激励。实践支持系统支持小组间竞赛，各项实践状态指标都可以作为竞赛指标。

六、建立信息类实训室

（一）信息类实训室存在的问题

1. 实训室功能单一

传统的信息类实训室主要由计算机、多媒体设备、网络设备组成，结合各专业自身的专业课程特点，安装一些基础教学软件，其功能比较单一，主要为各专业学生进行常规信息化课程实训教学使用。但是，随着信息化的逐步扩展，教师使用信息类实训室不仅仅只是需要计算机用于教学，还要结合教学改革和最新的教学互动模式加强教学效果。

所以，传统信息类实训室在实训室环境装修、文化氛围营造、设备设施布局等方面设计环节严重缺失，导致实训室服务教师的微课拍摄、信息化备赛、教学改革实践等功能上无能为力。

2. 实训室管理分散

现有高职院校已经建设了很多传统的计算机实训室其功能相近，本来应该可以更便于统一管理，但是其管理模式不尽如人意，在共享共用方面却存在很大的问题，达不到实训室预期效果，这主要是由于其管理模式决定的。传统的信息类实训室采取的是分散的各专业各自独立管理模式，没有形成整体的调度管理，各实训室存在一定程度的重叠和职责死角，导致在对资源安排上缺乏科学有效的管理机制。

另外，在建设过程，对信息化软件的安装理解不统一，不能合理配置教学软件和教学资源，这些都给教学和管理带来了困难，给教师使用不同载体的教学资源带来不便。

3. 实训室开放度低

除了上课使用外，信息类实训室闲置时间多，整体的开放程度低，缺乏与市场化服务对接的管理机制和功能。信息类实训室不仅是教学实训的场所，还应承载更多的服务功能，加大实训室的开放力度。如果仅仅是具备计算机的使用功能，那么在互联网和计算机高度发展的今天，这对学生和老师来说都不具备太大的吸引力。所以，实训室应该在课程教学资源平台部署、社会实践项目引入等方面进行加大力度，提升服务效果。

（二）信息类综合实训室的建设和管理

实训室的建设需要投入大量的资金、场地和一个较长的建设周期，必须做好科学规划，合理设计，加强监管，根据各专业建设目标做好需求分析，减少重复建设内容，把专业实训室和通用实训室分类建设和管理。

信息类综合实训室建设的整体设计应该遵守以实训教学服务为基本原则，充分考虑便捷性、高效率、共享性、可扩展性、统一性等基本需求，采用集中管理模式。要充分考虑各专业的管理现状，组建信息实训中心负责整体的通用型信息类综合实训室设计与规划，包括场地设计、制度拟定、资源和各类平台规划、设备管理、社会服务等。

1. 加强实训资源平台建设

课程资源库在教学中的应用非常广泛，在建设过程中，资源类型、管理方法、平台搭建存在一些差异，导致资源库难以共享共用。但是，资源库一般都是由课程教案、视频资源、动画资料等素材组成，新的信息类综合实训室的建设应该把提供共享功能，作为实训室建设的重要任务，这对于优化实训室的使用率有非常大的意义。根据公共实训课程技术服务课程资源平台等共享共用的思路实施实训室的建设，打造统一的跨专业课程资源通用共享网络平台，减少重复的平台建设，提高管理的效率，减低管理难度。

2. 统一实训室建设和管理

信息类综合实训室在建设之初，应按照统一管理的思路开展设计工作，包括实训室建设论证、场地布局的统一规划、设备的管理和维护、整体功能的模块化提炼等。这些统一的设计工作前期需要花费更多的精力，在实训室建设完成后，可以形成比较好的文化氛围和提高实训室辨识度，可以更科学地体现实训室服务功能，适应教学工作的新发展趋势。而统一的管理模式的创建，随着实训室的不断增多，会逐步地体现出其高效运转的优越性。

3. 加大新商科新技术的运用

信息类综合实训室在新商科新技术的背景下，应该采取更多的新技术，建立包括场地预约、数据收集、智能化无人值守管理、虚拟化管理、AR/VR 呈现等诸多新技术新手段。这些信息化新技术的运用，可以提高实训室使用过程的管理监控，利于开放实训室的各项服务功能，解决传统实训室终端教学环境部署复杂，需要专人全程跟进管理的效率低下的管理模式，也有利于解决使用中网络安全问题。利用新技术可以充分发挥教师和学生参与实训室管理的积极性和锻炼其动手能力，提高实训室的整体趣味性，激发学生的主动学习兴趣；同时，又能做好过程监控，保障使用过程的安全可控。

4. 建立实训室的管理系统

实训室的建设和管理不是一项任务式的工作，而是一项需要持续进行跟踪和修正的长期工作。新商科新技术背景下，更应强调和重视智能管理，数据化的呈现管理的成效，逐步改进建设和管理水平，减少纸质化管理和加大信息对外开放。合理规划部署一套完备的实训室管理系统，可以实现实训室的科学规范管理，为后续的实训室功能提升、服务优化提供丰富的改进依据和论证材料。

（三）实训室建设和管理创新研究

实训室的建设和管理，要借鉴国内外先进管理经验，主动探索企业管理经验应用与高校实训室管理的途径，加大企业参与实训室建设的力度，充分考虑实训室的通用性和前瞻性，建立一套科学合理的。

实训室建设和管理的评价指标体系在管理过程中，探索借助学生团队，协助实训室的日常管理和维护，即可以提升学生的技能，锻炼学生的实践能力，又能通过协助共管的形式，把管理员从繁琐的日常事务中解放出来，减轻其工作量，让管理员有更多的精力投入到实训室的升级改造和研究国内外先进的专业技术发展趋势专业工作中。

参考文献

[1] 唐未兵，等．地方商科院校应用型人才培养的理论与实践 [M]．北京：中国经济出版社，2008．

[2] 上海对外贸易学院高等教育研究所．商科院校学生实践能力培养研究 [M]．上海：格致出版社，2010．

[3] 上海对外经贸大学高等教育研究所．商科院校教学方法研究：基于师生互动的视角 [M]．上海：格致出版社，2014．

[4] 刘立国．国际商科人才培养研究 [M]．北京：北京理工大学出版社，2016．

[5] 徐恒山．商科职业教育实践与研究 [M]．北京：北京理工大学出版社，2016．

[6] 韩香云．智慧商科综合实践教学体系的建构与探索 [M]．南京：南京大学出版社，2017．

[7] 蒋建华．应用型高校实践教学探索 [M]．北京：中国纺织出版社，2018．

[8] 叶海林．商科人才培养学生工作理论与实践 [M]．成都：西南财经大学出版社，2018．

[9] 齐佳音，徐波．新时代高等商科教育变革的探索与实践 [M]．北京：经济管理出版社，2019．

[10] 付启敏，罗纯军．大数据背景下新商科专业人才培养路径探究 [J]．科学咨询（科技·管理），2020（08）：118-119．

[11] 陈剑波．基于高等商科院校优势特色专业群的实践教学体系建设与管理 [J]．教育教学论坛，2020（36）：37-38．

[12] 高洁．基于"双高"专业群建设的商科类专业群技术技能人才培养的思考 [J]．教育教学论坛，2020（41）：110-112．

[13] 刘冬青，魏杰. 依托高职商科类专业社团建设的双创能力培养模式研究 [J]. 创新创业理论研究与实践，2020，3（10）：117-118.

[14] 田娟娟. 产业需求导向下新商科人才培养模式改革的思考 [J]. 中国乡镇企业会计，2020（05）：246-247.

[15] 曹朝洪. "新商科"理念下的商科专业人才培养策略 [J]. 高教学刊，2020（09）：152-154.

[16] 程扬，王永钊. 职业院校商科专业"工匠精神"的培养路径研究 [J]. 中国培训，2020（06）：34-35.

[17] 王志伟. 论高职院校专业设置与专业建设 [J]. 教育与职业，2020（04）：34-40.

[18] 刘冬青，魏杰. 依托高职商科类专业社团建设的双创能力培养模式研究 [J]. 创新创业理论研究与实践，2020，3（10）：117-118.

[19] 蔡芒，吴志华. 大数据背景下高职院校商科大类实训基地管理研究 [J]. 中国管理信息化，2019，22（04）：216-217.

[20] 朱一青，朱占峰，朱耿. 新时代应用型本科院校商科人才培养模式研究 [J]. 浙江万里学院学报，2019，32（01）：103-107.

[21] 张凤英. 新零售模式下高职院校商科专业群建设探索 [J]. 北方经贸，2018（05）：146-147.

[22] 文腊梅. 探索校企合作建设商科专业校内实践教学平台的途径 [J]. 长沙民政职业技术学院学报，2018，25（01）：95-97.